D0130164

L'abus sexuel

ET L'INSTITUTIONNALISATION
DE LA PROTECTION DE LA JEUNESSE

H É L È N E M A N S E A U

L'abus sexuel

ET L'INSTITUTIONNALISATION
DE LA PROTECTION DE LA JEUNESSE

1990
Presses de l'Université du Québec
Case postale 250, Sillery, Québec   G1T 2R1

Jaquette: œuvre de GÉRALD ZAHND

Dépôt légal – 2e trimestre 1990
Bibliothèque nationale du Québec
Bibliothèque nationale du Canada
Imprimé au Canada

*À **Claude***
et à tous les enfants qui, en plus de souffrir des graves égarements de leurs parents, peuvent en subir d'autres des personnes ou des organismes chargés de leur venir en aide.

Table des matières

DEUXIÈME PARTIE :
Étude qualitative sur l'expérience québécoise de la protection de la jeunesse

Remerciements _____

E n premier lieu, je tiens à remercier vivement toutes les personnes qui ont si généreusement accepté de me faire part de leur travail sur les abus sexuels. J'espère que mon ouvrage leur sera utile, un jour, dans l'exercice de leurs fonctions. Tous et toutes souhaitent pouvoir mieux aider les enfants et je tiens à leur exprimer combien j'ai aimé les rencontrer et avoir la chance d'approfondir les questions de fond qu'ils ont soulevées pour ce livre.

Je veux de plus exprimer ma reconnaissance aux professeurs Claude Crépault (du Département de sexologie de l'UQAM), Daniel Élie, Pierre Landreville et Jean Poupart (de l'École de criminologie de l'Université de Montréal) qui ont orienté ma façon de comprendre et de voir la recherche.

Je désire aussi remercier du fond du cœur M. Jean-Louis Saucier, de même que mon compagnon de vie, Claude Painchaud, et son fils Philippe. Ces derniers ont su m'aider tant dans ma manière d'être que par rapport aux convictions de chercheuse que ce long travail a mis à l'épreuve.

Je tiens également à offrir des remerciements bien sincères à Mme la juge Andrée Ruffo qui m'a vraiment convaincue de publier mon travail de recherche dans l'intérêt des enfants. M. Jacques T. Godbout (professeur à l'Institut national de la recherche scientifique) m'a encouragée dans la même direction.

Je remercie, par ailleurs, bien fort Mme Chantal Bouthat (directrice du Service d'aide à la publication de l'UQAM) qui m'a sérieusement aidée à rendre la publication de cet ouvrage possible, avec la collaboration précieuse de M. Jacki Dallaire ainsi que Mme Angèle Tremblay (des Presses de l'Université du Québec). Merci aussi à Mme Louise Champagne dont la disponibilité et la compétence pour la présentation technique du livre m'ont été des plus précieuses.

Je veux enfin témoigner toute ma gratitude à ma mère, à mon frère, à mes sœurs ainsi qu'à mes amis sincères qui ont su eux aussi m'appuyer grandement au cours de ces longues années de travail.

Avant-propos ——————————————

S i ce livre est le fruit de plusieurs heures de réflexion, comme tous les livres d'ailleurs, l'auteure, après relecture, considère qu'il a bien simple allure. On n'y trouve pas de tableaux sophistiqués, le parcours n'est pas trop sinueux, les constatations sont brèves et sans trop de prétention.

À l'ère des discours complexes en sciences humaines, cet ouvrage qui fut naguère une thèse de doctorat porte tout de même sur l'analyse d'un phénomène extrêmement délicat : les abus sexuels d'enfants au Québec.

Comme dans toute thèse, ce travail avait pour finalité de faire progresser les connaissances. Comme plusieurs le savent, la rumeur circule chez les postulantes et postulants au doctorat qu'il faille faire avancer la science d'un pas. Cette idée est affolante et je crois sincèrement qu'elle fait tourner la tête de bien des thésards dont je fus pendant plus de cinq ans. En fait, l'obsession que cette nécessité de performance provoque coûte cher au plan de l'écriture.

Je me revois assise à ma table de travail (qui se transformait parfois en véritable salle des douleurs) en train de vouloir toujours accoucher de l'idée du siècle. Les mots que j'utilisais ne me paraissaient jamais assez reluisants pour les aspirations d'une future doctoresse. Le plus gros complexe qui m'a habitée au cours de ces heures interminables, où vraisemblablement je cherchais à me dépasser, avait trait à mon éducation scolaire de base. Je n'avais pas eu la chance de recevoir une seule heure de cours classique. Je pensais à mes années d'études collégiales passées dans un cégep on ne peut plus public (le cégep du Vieux-Montréal) où, dans les années 1970, les professeurs nous enseignaient de drôles de matières (entre autres de la poésie, des essais québécois et des expériences de créativité) qui étaient à une année-lumière du *Discours sur la méthode* de Descartes.

Malheureusement pour moi, j'avais cru constater que plus j'avançais dans le domaine des «études avancées», plus les correcteurs des travaux d'étudiants étaient marqués par les influences des «humanités». Par période, je grugeais les bibliothèques de manière compulsive, à la recherche du Grand Savoir. Il ne m'est pas venu. Au contraire, plus je lisais, plus je ressentais vivement le besoin de simplifier les choses. Par exemple, lors de mes heures de bibliothèque (qui figurent parmi les meilleures de ma vie), la lecture des textes de Michel Foucault m'a fait vivre des moments palpitants. Son écriture et son érudition sont des éloges à la culture française ainsi qu'à sa langue qui en est le reflet.

Malgré cet apprentissage et l'influence qu'a exercée sur mon travail le regard du philosophe, le présent ouvrage n'est pas trop farci de belles grandes phrases bien flouées. Par contre, on y voit plusieurs élans visant à dépasser un grand complexe de cégépienne. Heureusement, ces élans comme la recherche du génie doctoral ont été freinés par une soif et une nécessité d'apprivoiser un sujet vertigineux sous l'angle d'une recherche de vérité.

Les découvertes que j'ai faites n'ont toutefois rien d'absolu. Par contre, il m'a semblé nécessaire de rompre un silence autour de questions aussi fondamentales que l'apport des institutions et des professionnels dans la création des problèmes sociaux, et conséquemment, de me pencher sur les effets pervers engendrés par certaines formes de contrôle social contemporaines. Ce livre, encore plus que la thèse, vise cette fin.

Enfin, je tiens à préciser que cette étude, échelonnée sur une période de dix ans, n'a été subventionnée d'aucune façon, si ce n'est pour la mise en forme finale de la présente édition. Cet état de fait m'a permis une liberté de pensée et d'expression qui, je l'espère, portera ses fruits malgré les remises en question qui lui sont probablement inhérentes.

Introduction générale

L e présent ouvrage traitera de deux objets tabous : **les abus sexuels d'enfants** et **le contrôle social**.

Ces abus sexuels, ainsi nommés depuis une douzaine d'années au Québec, sont souvent associés à l'inceste dont les mineurs peuvent être victimes. Il en découle que ce phénomène devenu d'intérêt public (depuis la dernière décennie) est en proie à une réprobation sociale propre aux tabous. De fait, on dit souvent au sujet de l'inceste que c'est le tabou universel par excellence. Cet objet d'étude et la réaction sociale à ce tabou nous sont apparus comme un domaine privilégié pour l'analyse du contrôle social dans ses formes actuelles.

Le contrôle social est lui aussi un objet de hantise particulièrement tabou. Des visions kafkaïennes ou les récits d'Orwell ont certes concouru à suggérer diverses angoisses existentielles autour de cette notion. Nous pouvons même aller jusqu'à dire que la préférence de certains auteurs pour l'usage du concept de « régulation sociale » témoignerait de cette peur engendrée par l'idée de contrôle social. Le mot régulation a effectivement une résonnance moins péjorative en français. D'ailleurs, peu d'ouvrages de langue française traitent de « contrôle social ».

Pour leur part, les ouvrages américains qui se rapportent à l'étude du contrôle social proprement dit ne sont pas rares. Mais certains auteurs (Cohen, 1985 ; Humphries, 1977) déplorent tout de même le fait que peu d'études empiriques portent sur l'exercice d'un contrôle formel étatique. De plus, des auteurs tant américains qu'anglais et français estiment que trop peu de travaux sont consacrés à l'analyse des nouveaux appareils étatiques (de service social de tous ordres visant, entres autres, la protection des jeunes, la distribution de services communautaires novateurs) maintenant greffés à l'institution judiciaire.

Pourtant, Foucault a souligné l'importance croissante prise par le jeu de la norme aux dépens du système juridique de la loi, au sein même de ces nouveaux appareils dits régulateurs :

> Un tel pouvoir a à qualifier, à mesurer, à apprécier, à hiérarchiser, plutôt qu'à se manifester dans son éclat meurtrier ; il n'a pas à tracer la ligne qui sépare des sujets obéissants, les ennemis du souverain, il opère des distributions autour de la norme. Je ne veux pas dire que la loi s'efface ou que les institutions de justice tendent à disparaître ; mais que la loi fonctionne toujours davantage comme une norme, et que l'institution judiciaire s'intègre de plus en plus à un continuum d'appareils (médicaux, administratifs, etc.) dont les fonctions sont surtout régulatrices. (M. Foucault, 1976, p. 190)

Il sera précisément question ici de l'impact de ces nouveaux appareils étatiques, même si nous en analyserons un seul plus en profondeur (le dispositif de la protection de la jeunesse au Québec). Nous nous pencherons aussi sur l'importance que peut revêtir le processus de définition de la norme en regard spécifiquement des abus sexuels d'enfants.

Mais avant d'aller plus loin, précisons dès à présent que l'étude principale de ce livre est d'abord empirique. Elle consiste plus spécifiquement en l'analyse du processus de définition de l'abus sexuel depuis la mise en application d'une nouvelle loi : la *Loi sur la protection de la jeunesse*. Notre analyse porte à la fois sur des témoignages verbaux (presque tous enregistrés) d'intervenants engagés dans le cadre de cette nouvelle loi et sur l'analyse de discours provenant de la documentation produite en ce domaine.

La *Loi sur la protection de la jeunesse* prônait, à l'origine, une déjudiciarisation des conflits impliquant des mineurs. On voulait ainsi établir des normes d'intervention psychosociales, même si elles se trouvaient à être édictées dans le cadre d'une loi provinciale. Le présent ouvrage porte donc sur un processus formel d'intervention étatique (c'est-à-dire dans un contexte légal), auquel est greffée toute une philosophie de l'intervention axée sur un processus curatif supposément moins formel, mais probablement, à sa manière, tout autant sinon plus normatif.

De plus, compte tenu de l'existence d'une toute nouvelle rhétorique propre aux « sauveurs d'enfants » et de la création d'une infrastructure pour venir en aide à cette enfance considérée comme ayant un besoin absolu de protection, il nous a paru opportun de nous pencher sur la mise en œuvre de la nouvelle réforme ; réforme qui promettait mer et monde à ces enfants...

Notre intérêt était d'autant plus marqué que la réforme au Québec succédait à de nombreuses autres ayant eu lieu en Angleterre, aux États-Unis et dans plusieurs autres pays. Partout, la rhétorique fut la même : il fallait venir en aide à l'enfance victime de violence familiale, lui fournir des services adaptés. Un courant qui semble avoir traversé toutes ces expériences est certes l'amalgame formé de l'intervention thérapeutique et de l'intervention judiciaire. Comme Foucault (1976) l'a laissé savoir : l'institution judiciaire est de plus en plus enchevêtrée à d'autres appareils ; il importe donc d'examiner ces nouveaux alliages en quelque sorte, afin de porter un regard actuel sur le développement de nouvelles procédures de pouvoir.

L'essence même de la présente étude a plus spécifiquement consisté en l'observation des variations entre les mots et l'action, entre les intentions et leurs conséquences au sein des appareils de contrôle nouvellement conçus. Cependant, notre analyse finale se rapporte au discours d'intervenants sociaux ainsi qu'à la documentation produite sur l'inceste et à celle, plus générale, axée sur les abus sexuels d'enfants et sur les courants de pensée s'y rattachant (tant au point de vue de l'intervention qu'au point de vue des écrits plus descriptifs touchant le problème). Notre méthode d'analyse se fonde principalement sur la méthode qualitative systématique mise au point par Glaser et Strauss (1967) (des précisions sur la méthode de recherche utilisée sont fournies à l'Annexe 2).

Les écrits (pendant les années 1965 à 1975) concernant la préparation et l'adoption d'une nouvelle loi pour protéger la jeunesse au Québec, de même que plusieurs documents scientifiques américains, en plus de notre matériel d'entrevues, nous ont permis de constater qu'un des leitmotive de la réforme allait dans le sens d'un « anticontrôle social » (du moins dans ses formes connues jusqu'alors) à l'égard de la jeunesse.

On préconisait, à la place des institutions connues (l'école de réforme ou le centre d'accueil, voire les maisons de détention), des méthodes jugées plus douces (tels le traitement psychosocial, les mesures dites volontaires). Les premières étaient remises en question parce que considérées comme des formes de contrôle trop dures à l'endroit des jeunes, alors que les secondes, loin d'être étiquetées de formes de contrôle social, étaient alors posées à titre de relations d'aide. Toutefois, les méthodes dites plus dures restaient des solutions à envisager dans le cas des jeunes jugés récalcitrants à l'endroit des nouvelles mesures.

En plus de notre intérêt pour ce chevauchement des domaines thérapeutique et judiciaire, un premier survol des travaux entourant « le nouveau problème » de l'abus sexuel nous a laissé voir aussi combien cette question en tant que telle représentait un terrain privilégié de recherche sur **le contrôle social dans le domaine précis de la sexualité**. De fait, même si le discours officiel laissait entendre qu'il y avait des abus sexuels partout (dans tous les milieux sociaux) et en grand nombre, et malgré les indices cliniques clairs permettant de les identifier, nous n'avons pu au point de départ repérer aucun ouvrage identifiant les actes précis considérés comme étant des abus sexuels. Bien sûr, de nombreux travaux décrivent des cas extrêmes de violence sexuelle ou de viol d'enfants, mais la frontière entre ce qui est permis et ce qui ne l'est pas, loin d'être établie, semble laissée à la discrétion des agentes et agents chargés de l'identifier. L'article de la *Loi sur la protection de la jeunesse* consacré aux abus sexuels ne précise rien à ce propos.

On constatera, à la fin de cet ouvrage, qu'il nous est impossible de définir en quoi consiste au juste l'abus sexuel d'enfants. Pourtant, de plus en plus de familles font l'objet d'enquêtes longues et onéreuses parce que l'on soupçonne la commission d'abus sexuels sous leur toit.

De plus, il ressort du texte de la *Loi sur la protection de la jeunesse* que des plaintes peuvent être portées anonymement, ce qui est exceptionnel en soi car, en général, l'enregistrement officiel d'une plainte nécessite l'identité du plaignant. Cet écart de la procédure normale visait à favoriser l'augmentation des signalements pour abus sexuels et physiques d'enfants. Toutefois, on a négligé par le fait même de tenir compte de la possibilité que des plaintes frauduleuses soient émises. Nul doute également qu'on dotait ainsi les personnes chargées d'appliquer la loi d'un pouvoir de définition très large.

En fin de compte, l'intimité familiale risquait de faire l'objet d'un contrôle social des plus intensifiés, sans pour autant qu'on informe les familles avec exactitude des véritables limites permises par rapport aux liens physiques familiaux. Ces questionnements, demeurés présents tout au cours de notre recherche, nous semblaient très pertinents dans l'étude du contrôle social.

Si cette hypothèse s'avérait fondée, nous pouvions davantage souscrire à l'idée de la prégnance d'un contrôle panoptique (Foucault, 1975), c'est-à-dire de plus en plus diffus, normatif, mais insidieux parce que de moins en moins nommable, de moins en moins identifiable ou repérable dans notre société.

Nous croyons pouvoir avancer, à partir de notre recherche sur le terrain, que la vision durkeimienne et idéale du contrôle social, selon laquelle celui-ci doit nécessairement permettre de clarifier les limites entre ce qui est permis et ce qui ne l'est pas, est révolue. Les conjonctures nouvelles nous semblent comporter des effets pervers se répercutant principalement sur les enfants et les familles qui font l'objet des nouvelles formes de contrôle social.

Avant d'entrer au cœur de notre recherche sur les abus sexuels d'enfants, nous allons, dans la **première partie de l'ouvrage**, jeter des regards généraux sur le contrôle social. Cette démarche vise à préciser davantage l'angle sous lequel nous aborderons l'expérience de la protection de la jeunesse en matière d'abus sexuel au Québec. Nous effectuerons plus précisément un survol de l'impact de divers projets de réforme dans le domaine social après avoir discuté, dans un premier temps, des définitions de l'évolution du contrôle social et de l'hypothèse de l'augmentation des contrôles à laquelle nous souscrivons. Enfin, seront abordés ce que nous croyons être les véritables enjeux des réformes contemporaines dans le domaine social, à savoir l'augmentation des clientèles, des budgets et des effectifs, la bureaucratisation des services et les intérêts professionnels. Pour illustrer plus particulièrement le problème de la bureaucratisation des services, nous aborderons deux questions sexuelles d'intérêt récent, soit le harcèlement sexuel et le viol.

La **deuxième partie** débutera par la présentation du contexte général de l'intervention sociale au Québec dans lequel le concept d'abus sexuel fut institué. Nous poursuivrons par l'impact de la structure d'intervention (incluant les représentations s'y rapportant, ses modalités de fonctionnement, ses caractéristiques et l'idéologie véhiculée). Puis nous traiterons des représentations entretenues au sujet de l'abus sexuel, pour en arriver à l'analyse des préconceptions à la base du problème de l'abus sexuel. Nous passerons ensuite à l'étude du rôle des intervenants dans l'étiquetage d'abus sexuel. Pour terminer, nous tenterons de démontrer comment les statistiques en matière d'abus sexuel témoignent d'autres facteurs que du nombre « réel » d'abus sexuels d'enfants au Québec.

Enfin, nos conclusions jetteront un éclairage sur les limites et les avenues possibles de notre travail. Nous insisterons sur la nécessité de considérer le processus de définition de l'abus sexuel et de la protection de la jeunesse comme passablement tributaire de la position des personnes qui ont le pouvoir de définir « ces cas » dans un contexte bureaucratique d'intervention.

Première partie

Regards
sur le
contrôle social

LES DÉFINITIONS ACCOLÉES
AU CONTRÔLE SOCIAL ─────────────────

Longtemps le contrôle social fut défini exclusivement par rapport aux pratiques qui supposément visaient l'ordre social. On croyait aussi que le contrôle social favorisait la conformité aux normes établies. Cette définition, ou plutôt cette manière d'envisager le contrôle social, proviendrait de Ross (1901). Même si elle a encore cours au sens où plusieurs lois, normes et règlements sociaux sont légitimés par leur prétendu potentiel à créer ou à maintenir l'ordre social, de nouvelles conceptions du contrôle social existent maintenant.

De plus en plus, les auteurs qui traitent de contrôle social font référence à un ensemble de réponses organisées, au crime, à la déviance, ainsi qu'à toutes formes de comportements sociaux jugés problématiques (Cohen, 1985 ; Clarks, 1982 ; Gibbs, 1982 ; Landreville, 1983). Leur point de vue se différencie nettement de la vision dite naturalistique de Ross (1901), où le contrôle social semble exister uniquement pour mater les mauvais citoyens qui ne maîtrisent pas leurs instincts en société. Les auteurs qui souscrivent à la nouvelle tendance conçoivent donc le contrôle d'une manière relativement neutre, c'est-à-dire qu'ils ne lui confèrent pas le pouvoir magique de maintenir la conformité aux normes.

Ce dernier courant de pensée est le fruit d'un long cheminement dans les sciences sociales et humaines. Gibbs (1982) a proposé d'analyser les travaux de Georges Hébert Mead, de Charles Horton, de Horton Cooley ainsi que ceux d'Émile Durkeim pour qu'on puisse saisir cette évolution.

Ces travaux (et de nombreux autres) semblent révéler que la déviance ou la délinquance, loin d'être un phénomène qu'il suffisait de contrer par l'édiction de lois et de châtiments, se développait à travers une série d'interactions complexes appelées tantôt processus de socialisation, tantôt processus d'internisation; ces considérations rendaient de plus en plus impossible la conviction que seules les institutions formelles étaient aptes à servir de véhicule de contrôle social. Au cours du siècle dernier, on a donc pu constater que de nombreux facteurs dits psychologiques et sociaux risquaient constamment de contaminer les effets du contrôle social officiel (c'est-à-dire la création de lois, de règlements et de normes ainsi que l'établissement des institutions responsables de leur mise en application). En fait, plusieurs entités sociales opèrent une forme de contrôle qui vient contrecarrer toute relation de causalité entre contrôle social officiel et ordre social. En d'autres termes, on ne peut plus croire que le simple fait d'exercer un contrôle social par l'application de lois, de règlements et de sanctions soit exclusivement l'élément qui conditionne l'ordre social ou l'élimination de la délinquance.

Durkeim a eu le grand mérite d'être allé jusqu'à dire que le crime en lui-même pouvait contribuer à maintenir un certain ordre social. Pour le sociologue français, les sociétés en avaient besoin pour évoluer et rassurer les individus non étiquetés comme déviants sur leur identité de bons citoyens. Ainsi, les relations entre les concepts de crime, de déviance, de contrôle et d'ordre social ne peuvent donc plus s'établir aisément.

Devant la complexité des facteurs en cause, Black (1983) a proposé d'envisager le contrôle social à titre de variable dépendante dont les mécanismes doivent être étudiés tour à tour afin qu'on puisse en évaluer l'influence et la portée. Cette conception a pour avantage d'énoncer clairement que l'impact positif du contrôle social n'est pas immanent. Tout regard sur le contrôle social nécessite plutôt l'analyse de ses mécanismes dans l'action et l'observation des processus sociaux qu'il engendre. Dans cette optique, le contrôle social est envisagé comme un ensemble de processus ni neutres ni passifs qui n'ont pas seulement pour effet de produire une conformité aux normes.

On doit alors se demander, dans l'esprit de Black : Qui contrôle qui ? Comment ? Pourquoi ? Est-ce nécessaire ? Dans quelle mesure faudrait-il exercer un contrôle ? Enfin, la question fondamentale demeure : Quel est l'impact de ce contrôle ? A-t-il pour effet de faire diminuer la criminalité ? Sinon, quels en sont les véritables enjeux ?

Landreville, de son côté, a incorporé à ce courant démystificateur du contrôle social l'idée que les processus et les actes qu'il comporte sont étroitement liés à des processus d'interprétation par rapport aux actes considérés comme déviants. Il avance plus précisément la définition suivante du contrôle social :

> L'ensemble des processus et des actes par lesquels les individus réagissent aux comportements définis comme déviants ou plus spécifiquement interprètent qu'un comportement spécifique est déviant et éventuellement y réagissent.
> (P. Landreville, 1983, p. 6)

Cette façon de concevoir le contrôle social a largement influencé l'ensemble de notre démarche de recherche, où la préoccupation principale concerne précisément le processus même de définition ou d'interprétation de l'abus sexuel, afin justement de mettre en lumière les mécanismes par lesquels on définit, à un moment donné, une situation-problème en tant qu'abus sexuel. Nous sommes aussi imprégnée des préoccupations de Black (1983), ce qui nous incitera surtout à réfléchir sur les grands enjeux du contrôle social examinés **au-delà du réel** qu'il laisse généralement supposer (tels l'ordre, la justice, le bien-être, la protection, etc.).

Par ailleurs, des auteurs plus inspirés par le marxisme ont aussi alimenté notre manière d'envisager le contrôle social. Ainsi, nous avons tenté de ne pas perdre de vue la possibilité que le contrôle social ou plutôt les mécanismes de contrôle officiels soient des lieux où s'opèrent certaines manipulations (symboliques ou non) ayant pour effet le maintien des inégalités sociales. Lascoumes a défini carrément le contrôle social dans cette direction :

> Nous parlerons alors de contrôle social comme de tout processus contribuant à l'établissement ou à la reproduction d'une situation de domination dans les rapports sociaux et déterminé par l'infrastructure économique ou sociale de la société où il s'exerce. (P. Lascoumes, 1977, p. 205)

D'autres auteurs, tel Cohen (1985), parlent carrément de « manipulation » pour définir le contrôle social. Dans la tradition des théories sur le pouvoir, ils mettent alors l'accent sur les positions stratégiques occupées par les personnes qui participent au contrôle social formel et assimilent les tentatives pour exercer ce contrôle à des actions en vue d'obtenir du pouvoir.

Les interactionistes symboliques, qui ont largement inspiré notre analyse, n'ont pas développé jusqu'à présent une théorie générale du contrôle social. D'ailleurs, une des critiques (Meltzer, 1975) adressée à ce courant de pensée concerne justement les difficultés éprouvées par les chercheurs qui y souscrivent à articuler des théories plus macrosociologiques. Précisons aussi qu'il serait inopportun de fournir un modèle prétation du contrôle social dans une perspective interactioni Ce modèle, une fois arrêté, conférerait au contrôle social u alors qu'en définitive les interactionistes symboliques consid réalité doit être envisagée dans ses aspects cinétiques, l'analyse constante des mouvements de réinterprétation qu

Puisque nous sommes plus proche du courant interaction nous ne fournirons pas ici de définition formelle du contrôle soc l'une de nos préoccupations majeures consistera à établir c de jonction entre le processus de définition de l'abus sexuel et l qui en découlent en matière de contrôle social. Pour ce f proposons d'effleurer des dimensions relatives aux questions et aux réponses suggérées par les courants de pensée opposés à une vision « naturalistique » et mythique du contrôle social. Ces aspects seront toutefois traités à titre de manières de penser, de raisonner, plutôt qu'à titre d'hypothèses à vérifier. Le fait, par ailleurs, d'accorder une prépondérance aux données récoltées sur le terrain nous éloignera aussi parfois d'une analyse purement théorique du concept de contrôle social.

Enfin, nous croyons important de rappeler que notre but premier reste de jeter des regards sur le contrôle social à partir de la définition d'un problème encore considéré comme honteux ou tabou. Par conséquent, nous ne prétendons pas développer ici une théorie générale du contrôle social. Précisons aussi que notre position de départ se veut en quelque sorte **au-delà du réel**, c'est-à-dire en deçà du vrai et du faux, dans une sorte d'observatoire entre les deux.

L'ÉVOLUTION DU CONTRÔLE SOCIAL

Le fait de vouloir retracer l'évolution du contrôle social signifie bien entendu que l'on souscrit au départ à une interprétation de l'histoire du contrôle social. Il y a plusieurs « histoires » du contrôle social, selon les diverses orientations théoriques de ceux et celles qui essaient de la présenter, d'où des visions parfois opposées. C'est ainsi que l'évolution du contrôle social sera tantôt perçue comme une évolution positive, laissant de plus en plus place à l'expression des droits et libertés, tantôt comme un phénomène devenant de plus en plus menaçant et envahissant dans notre vie privée.

La dernière perspective, plus proche de la pensée de Foucault, interprète les changements en stipulant que le « nouveau pouvoir », loin de punir moins, punirait plus densément en pénétrant plus en profondeur dans le corps social. Par ailleurs, les changements qui se seraient produits concerneraient surtout le rôle de l'État. Avant le dix-neuvième siècle, ce dernier aurait été faible, arbitraire et décentralisé. Au dix-neuvième siècle, il se serait renforcé en devenant centralisé et plus rationnel. Vers le milieu du vingtième siècle, plusieurs courants idéologiques auraient traversé l'État qui, depuis, multiplierait ses interventions tout en les rendant de plus en plus diffuses et de moins en moins visibles.

C'est à partir des mouvements de réforme qui semblent avoir orienté les changements survenus dans les interventions de l'État que nous pouvons tenter d'en comprendre l'impact en matière de contrôle social.

Des mouvements préconisant la défense des droits et libertés ont pu soutenir que les nouvelles formes de contrôle social allaient revêtir un caractère plus civilisé, en limitant les tortures physiques et les châtiments barbares. Aujourd'hui toutefois, plusieurs des personnes qui, à l'origine, prônaient ces changements (qui se sont produits dans certains cas) craignent qu'ils n'aient entraîné l'avènement d'autres formes, plus subtiles, de mesures coercitives, tels les traitements à caractère psychologique plutôt que les châtiments corporels. C'est ainsi que la psyché remplacerait maintenant le corps à titre d'objet de répression sociale, résultat d'une recrudescence des théories positivistes justifiant le fait que l'on se concentre de plus en plus sur l'individu qui commet l'offense, plutôt que sur l'offense même (Cohen, 1986). On parle alors de l'émergence de modes coercitifs solitaires et de modes secrets de punition.

Le mouvement des femmes, de son côté, est au cœur même de la dialectique du contrôle social. Plusieurs lois, visant à mieux protéger les femmes contre des agressions sexuelles et aussi à protéger les droits des enfants, ont été édictées à la suite des pressions exercées par les femmes au cours des dernières décennies. Beaucoup d'entre elles, au sein même du mouvement féministe, se plaignent maintenant des formes de contrôle qui en ont résulté. L'évolution du contrôle social ne semble pas être allée dans le sens souhaité. À la fin de cette première partie de l'ouvrage, nous aborderons la dialectique du contrôle social en rapport avec les revendications féministes.

En plus des femmes, les professionnels de tout acabit semblent avoir contribué à façonner les nouvelles formes de contrôle social contemporaines, fait que certains auteurs (Sarfatti-Larson, 1977 ; Godbout, 1987) ont mis en évidence dans leurs travaux. Le monde scientifique (Goulner, 1977) aurait servi de point d'appui à cette véritable armée de spécialistes vendant leurs services à qui mieux mieux. Ces différents acteurs dans les formes contemporaines de contrôle social utilisaient tous la même argumentation : la promesse de créer des formes de contrôle qui soient moins coercitives, moins artificielles, moins bureaucratiques, plus humaines et plus informelles.

Malgré toutes ces « bonnes » intentions, plusieurs des auteurs qui ont tenté d'examiner l'impact des réformes en arrivent à la conclusion que, dans l'action ou la praxis, il en est résulté une augmentation des contrôles.

L'HYPOTHÈSE DE L'AUGMENTATION DES CONTRÔLES

Cohen (1985) a présenté une argumentation très développée en vue de valider l'hypothèse de l'évolution du contrôle social sous l'angle de l'augmentation et de l'intensification des contrôles dans la vie privée. En examinant plusieurs nouvelles pratiques, tant aux États-Unis qu'en Angleterre et au Canada, l'auteur américain en est arrivé aux conclusions suivantes :

1) La déjudiciarisation et les mesures communautaires ne sont pas le fruit d'une série de bonnes intentions humanistes, mais surtout des mesures correspondant à des pressions financières et à des compressions budgétaires.

2) En regard de la délinquance et du crime, la décarcération n'a pas entraîné les effets escomptés en matière de désinstitutionnalisation.

3) Il n'a pu être établi que ces mesures étaient plus efficaces en fait de prévention de la récidive que d'autres mesures plus traditionnelles.

4) Ces mesures ne sont pas toujours moins dispendieuses.

5) Elles ne sont pas nécessairement plus humaines.

6) Dans l'ensemble, le système de contrôle social s'est élargi et est devenu plus pénétrant, assujettissant de plus en plus d'individus à l'autorité des institutions étatiques (qui ont le pouvoir d'étiqueter la déviance) et intensifiant le contrôle social formel à l'égard des déviants, déjà identifiés à partir des modes anciens de contrôle social.

Cohen déplore le fait qu'il n'existe pas assez de recherches visant précisément à évaluer l'impact de ces réformes. Toutefois, en fouillant les écrits traitant de contrôle social, on découvre que des auteurs de différentes nationalités émettent des opinions assez précises concernant les résultats obtenus à la suite de la mise en pratique de nouvelles conceptions dans la manière de réagir aux problèmes sociaux ou à la délinquance.

Ainsi, en France, Lascoumes (1977) a jeté un regard très critique sur la prévention et sur les tendances familiaristes qui ont émergé en France au cours des dernières décennies. Loin d'être fidèles dans leurs résultats aux objectifs qui les justifiaient, elles ont surtout eu pour effet, insiste le chercheur français, de multiplier les tuteurs et les substituts familiaux.

Lesemann (1981) et Renaud (1984) ont constaté pour leur part que les nouvelles interventions étatiques ont permis d'appréhender un plus grand nombre de personnes susceptibles de perturber l'ordre social.

De leur côté, Aviram et Ségal (1973), grâce à leur étude sur l'impact des mouvements de désinstitutionnalisation, nous font prendre conscience des contradictions qui y sont inhérentes et des effets pervers qui en résultent. Tout comme Laberge (1988), Aviram et Ségal (1973) nous sensibilisent au fait que le recours au « communautaire » est utopique. Les malades psychiatriques, par exemple, ne peuvent, par suite d'une désinstitutionnalisation, être pris en charge par les collectivités.

Au contraire, compte tenu du fait que la vie communautaire, principalement nord-américaine, est en relatif effritement, on peut s'attendre à ce que les populations désinstitutionnalisées servent davantage de nouvelles clientèles dans le cadre d'exercices nouveaux de contrôle qui ne relèvent directement ni de l'institution, ni de la famille, ni des dites communautés. Des auteurs américains aussi bien que canadiens vont jusqu'à dire que les communautés, loin d'être disposées à assumer les responsabilités que les politiques de désinstitutionnalisation leur ont déléguées, développent des mécanismes d'exclusion ou laissent les personnes en besoin à l'abandon (Aviram et Segal, 1973 ; Borus, 1981 ; Kirk et Therrien, 1975 ; Klerman, 1977). Fournier et coll. (1982), Dorvil (1984), Dongois (1985) et Mercier (1987) indiquent l'existence de mécanismes de même type au Québec.

Cohen (1985) a critiqué aussi les actions favorisant les mesures volontaires et laissant entendre que l'exercice du contrôle sera atténué si les gens veulent bien s'engager dans une démarche ou se soumettre à des interventions thérapeutiques à la mode. Ces démarches ne feraient que contribuer à l'expansion du contrôle social en renforçant le pouvoir des agents et en abusant de la bonne volonté des gens.

Thorpe (1980), ayant analysé l'expérience de décriminalisation et de désinstitutionnalisation des jeunes en Angleterre après l'adoption d'une loi semblable à celle adoptée au Québec en matière de protection, en a conclu que la réforme avait eu pour effet premier de créer une excroissance des systèmes de contrôle déjà existants. Le triomphe de la rhétorique des « sauveurs d'enfants » a surtout servi de porte d'entrée dans le système (plus formel et traditionnel) à un plus grand nombre de cas qui, auparavant, n'auraient probablement pas fait l'objet d'un contrôle social.

Trépanier (1980) s'est lui aussi attaqué à la rhétorique des « sauveurs d'enfants » préconisant des mesures plus douces que les mesures judiciaires en vigueur. Il précise que les spécialistes prônant des notions telles que le bien-être et les besoins de l'enfant ont paradoxalement une propension à proposer des mesures plus draconiennes encore que les mesures ayant trait à la relation délit – réaction sociale.

L'ensemble de ces assertions générales donne un certain poids à l'hypothèse répressive. La présentation des résultats de nos découvertes sur le terrain permettra aux lectrices et lecteurs de constater que nous penchons en faveur de cette hypothèse de l'augmentation tentaculaire du contrôle social.

Dans le même ordre d'idées, examinons quels étaient au juste les véritables enjeux des réformes, puisque les objectifs visés ne semblent pas avoir été atteints.

LES VÉRITABLES ENJEUX
DES RÉFORMES

En général, les travaux critiques portant sur les formes actuelles de contrôle social font ressortir que d'autres enjeux que ceux le plus souvent connus sont à la base des réformes sociales. Ces enjeux seraient plus spécifiquement l'augmentation des clientèles, des budgets et des effectifs, la bureaucratisation des services ainsi que les intérêts professionnels, lesquels ont lourdement compromis la qualité des services dispensés. Nous allons maintenant tenter d'en cerner l'importance.

L'augmentation des clientèles

Même si les recherches visant à évaluer les réformes entamées depuis les années 1960 sont rares, quelques auteurs fournissent tout de même des détails concernant l'augmentation du nombre de personnes enregistrées officiellement pour avoir fait l'objet d'un contrôle social étatique.

Au Canada, Hylton (1981) a procédé à une analyse des nouveaux programmes correctionnels implantés en Saskatchewan de 1962 à 1979. À l'origine, ces programmes devaient alléger le fardeau de la peine carcérale par le recours à des sentences communautaires. En bout d'analyse, l'auteur en est venu à constater que ces programmes n'ont eu aucun impact sur la population carcérale, mais qu'on les avait expérimentés auprès de personnes qui n'avaient jamais eu de contact avec le système judiciaire. Ce qui revient à dire encore une fois que la nouvelle mesure, en plus de ne pas être fidèle aux objectifs de base, semble avoir contribué à faire augmenter le nombre des individus faisant l'objet d'un contrôle social étatique formel.

Concernant la mise en application de travaux communautaires au Québec, Vallières et Simon (1981) en sont venus à la conclusion que ces mesures avaient été imposées en plus des conditions ordinaires de probation, augmentant ainsi la sévérité de la peine de plusieurs justiciables. À la base, ces mesures visaient à contrecarrer les effets négatifs de châtiments trop lourds.

Ce fossé entre la réalité et les intentions des réformateurs a aussi été étudié par Trépanier, cette fois au sujet de la déjudiciarisation chez les mineurs au Québec :

> Sachant que le signalement ne conduit pas nécessairement le jeune devant les tribunaux, les policiers sont tentés de référer des causes sans preuves judiciairement suffisantes ; ainsi la déjudiciarisation peut signifier la réduction du nombre d'affaires classées sans suite et inversement l'augmentation du nombre d'interventions officielles dans la vie des mineurs. (J. Trépanier, 1980, p. 254)

Il nous paraît donc primordial de s'interroger sérieusement sur le sens même de la déjudiciarisation. Elle peut, en effet, signifier l'augmentation du nombre d'interventions parajudiciaires, voire quasi judiciaires. Il en découle que les effets soi-disant préventifs de la déjudiciarisation peuvent être mis en cause.

Quoique ce survol des travaux sur les effets concrets des réformes soit incomplet, il nous permet tout de même de constater que les mouvements de réforme des dernières décennies génèrent effectivement une augmentation des clientèles au sein des appareils d'État mis en place pour exercer de nouvelles formes de contrôle social. Outre cela, les réformes visant à humaniser et à assouplir les modes traditionnels de punition et de traitement de la déviance sociale se voient si enchevêtrées aux institutions anciennes qu'en fin de compte elles semblent les alimenter subrepticement.

L'augmentation des budgets et des effectifs

Au sein même des travaux révélant que diverses réformes sociales auraient engendré une augmentation des clientèles, on peut aussi observer qu'en plus ces tentatives auraient inévitablement permis de justifier l'augmentation des budgets et des effectifs. Avant même d'aborder la question de la bureaucratisation des services sociaux au Québec, nous allons nous pencher brièvement et spécifiquement sur l'impact de la *Loi sur la protection de la jeunesse* au Québec, afin de démontrer à quel point l'implantation de cette nouvelle loi prônant des mesures novatrices a permis à l'État de justifier la nécessité de consacrer de nouveaux montants d'argent aux activités de ce secteur.

Nous sommes consciente que notre analyse des réformes, en ce qui concerne les avantages et les bénéfices retirés au regard de l'augmentation des budgets et des effectifs, est par trop limitée. Des auteurs américains (Scull, 1977 ; Rothman, 1980 ; Cohen, 1981) ont aussi abordé cette question et fait voir comment la modernisation ou les réformes des services d'aide ont pu servir d'autres intérêts que ceux pour lesquels ils avaient été conçus. Nous avons ici choisi de nous restreindre à la situation de la protection de la jeunesse au Québec.

Nous ne ferons qu'effleurer la question du financement et des coûts en matière de protection de la jeunesse au Québec, en nous limitant au coût d'implantation de la *Loi sur la protection de la jeunesse*. Cela est foncièrement incomplet, nous en convenons. Il eut été, par exemple, tout à fait approprié de se demander comment le dispositif de protection a pu être traversé, au cours de ses dix années d'application, par les crises financières éprouvées par l'État précisément pendant cette période. Mais l'objet de notre ouvrage n'est pas d'approfondir cet aspect qui, à lui seul, devrait être le sujet d'une étude exhaustive. Il n'en demeure pas moins qu'il serait tout à fait opportun, dans une telle étude, de vérifier si la question de la protection de la jeunesse n'a pas été à l'abri, jusqu'à un certain point, de la crise vécue à l'intérieur de l'« État providence ». Cette question mériterait d'être creusée, d'autant plus qu'à la fin du présent ouvrage nous en arrivons à la conclusion que la protection de la jeunesse, surtout lorsqu'elle se pose publiquement comme venant en aide à des victimes d'un problème aussi honteux que l'inceste, permet probablement de délier les cordons de la bourse de l'État, même en période de récession. Ceci étant dit, voyons de plus près ce que l'implantation de la *Loi sur la protection de la jeunesse* a coûté aux contribuables québécois.

 Une recherche effectuée dans le cadre de la Commission d'enquête sur les services de santé et les services sociaux (cette commission, présidée par le Dr Jean Rochon, fut en action de 1985 à 1988) confirme d'abord le lien étroit entre l'augmentation des clientèles, après la mise en vigueur de la *Loi sur la protection de la jeunesse*, et les besoins d'effectifs et de budgets qui en ont découlé. Les constatations faites en ce sens se trouvent dans un des dossiers thématiques (« Le concept de protection, une comparaison Québec – Ontario ») de la Commission Rochon :

> La nouvelle *Loi sur la protection de la jeunesse* engendra un acccroissement de la clientèle des C.S.S. : enfants dénombrés dans l'« Opération 30 000 » et inconnus des C.S.S., délinquants autrefois à la charge des agents de probation relevant du Ministère et surtout une nouvelle clientèle que le nouveau système de protection allait chercher.

> Les C.S.S., financés à budget et non en fonction du volume de la clientèle, ont dû dès l'entrée en vigueur de la *Loi sur la protection de la jeunesse*, absorber à même leur budget d'opération un manque à gagner de l'ordre de 49 % par rapport aux ressources financières pour répondre à la nouvelle clientèle. (B. Blanchet et P. Pinard, 1987, p. 58)

Dans un mémoire du ministère des Affaires sociales soumis au Conseil du Trésor en septembre 1979, les demandes pour obtenir des octrois supplémentaires étaient justifiées notamment de la manière suivante :

> Il semble bien que la vaste campagne de publicité entourant l'entrée en vigueur de cette nouvelle législation en matière de protection de la jeunesse ait remporté les dividendes escomptés, puisque les Centres des services sociaux ont été littéralement pris d'assaut par les milliers de citoyens désireux de se prévaloir des nouvelles prescriptions de la nouvelle législation. (B. Blanchet et P. Pinard, 1987, p. 136)

La *Loi sur la protection de la jeunesse* mise en vigueur en 1979, en plus d'élargir la clientèle des services sociaux, participa directement à la hausse des crédits budgétaires alloués au ministère des Affaires sociales du Québec. Blanchet et Pinard précisent plus particulièrement :

> Cinq mois après le début de l'implantation de la *Loi sur la protection de la jeunesse*, les services sont engorgés et les C.S.S. déposent de nouvelles données au Ministère en faisant la démonstration du besoin d'un budget, non pas de 9 000 000 $ mais plutôt de 25 830 175 $. (B. Blanchet et P. Pinard, 1987, p. 37)

Les budgets finalement consentis par le Conseil du Trésor furent moindres (compte tenu d'une situation de plus en plus généralisée de compressions budgétaires gouvernementales) que ceux demandés ; mais il reste qu'on accorda une augmentation de 3 800 000 $ aux 9 000 000 $ déjà attribués. Ces sommes servirent principalement à l'embauchage de personnel supplémentaire, et plus particulièrement à une professionnalisation des services offerts en matière de protection de la jeunesse. Les professionnels engagés étaient chargés d'exercer une nouvelle forme de contrôle social soi-disant plus aidante. Cependant, avant d'aller plus loin dans l'examen de cet aspect, nous devons tenir compte, comme le soulignaient Godbout et Paradeise, du niveau de cette professionnalisation :

> Les principaux indicateurs du degré de professionnalisation d'un secteur ou d'une organisation peuvent être le nombre de professionnels qui s'y trouvent, la place qu'ils y occupent, leur pouvoir formel, le type de relations qui caractérisent les producteurs et les clients. (J. T. Godbout et C. Paradeise, 1988, p. 102)

Même si les propos des auteurs concernant principalement la question des producteurs de services mériteraient d'être explicités, et nous y reviendrons plus loin, retenons pour l'instant qu'il est nécessaire de situer plus en profondeur le rôle et la place des professionnels pour mesurer l'ampleur de la professionnalisation des services qui a résulté du mouvement de la protection de la jeunesse au Québec. C'est ce que nous tenterons de faire dans la seconde partie de l'ouvrage.

Pour l'instant, penchons-nous sur la bureaucratisation des services que semblent générer les mouvements de réforme.

La bureaucratisation des services

Nous verrons plus loin que les professionnels des services sociaux du Québec (ceux que nous avons interviewés) ont tendance à considérer la structure d'intervention dans laquelle ils travaillent comme étant de plus en plus bureaucratisée. Le sens du concept de bureaucratie semble ici tenir au fait que des services offerts ont tendance à s'éloigner de leurs objectifs de départ (qui seraient surtout de dispenser de l'aide à des personnes ayant des besoins spécifiques). Ces services étatiques deviendraient alors des organes de gestion routiniers maintenant l'ordre établi en fonction d'une définition gestionnelle des clientèles (plutôt qu'en fonction de visées compréhensives des problèmes sociaux en constante évolution) et du personnel en place.

Dans ce contexte, on encourage fort peu les initiatives visant l'amélioration des services (en vue de les adapter aux besoins), si ce n'est en façade pour justifier et rationaliser l'ordre établi dans les institutions et pour préserver les droits acquis (au plan syndical par exemple). En outre, les réorganisations dans un contexte hautement bureaucratisé (il peut s'agir de centralisation ou de décentralisation) auraient surtout pour effet de mousser des carrières gestionnelles (Cohen, 1985) [1]. Enfin, les organisations qualifiées de bureaucratiques auraient tendance à transformer les usagers en otages. Ces derniers deviendraient impuissants à régler eux-mêmes leurs problèmes et se verraient assujettis au jugement des professionnels, dans un contexte d'aide dépersonnalisé et aseptisé, parce que surtout établi en fonction d'impératifs de gestion et de rapports de pouvoir, n'ayant rien à voir avec les problèmes et les usagers.

Pour étayer en quelque sorte ce point de vue sur le danger menaçant d'une bureaucratisation des services offerts, même si à l'origine les objectifs poursuivis sont humanistes, réformateurs, voire progressistes, nous allons maintenant énumérer succinctement des conclusions de chercheurs qui ont analysé l'impact de projets de réforme concernant le harcèlement sexuel et le viol. Ces analyses nous permettront de voir comment, une fois institutionnalisées, les demandes d'aide, de réforme ou tout simplement de prise en compte de problèmes sociaux peuvent perdre leur sens initial. Simard (1985) s'est interrogé à juste titre à ce propos :

> En somme, est-ce que le retour au droit ne constitue pas la première phase d'un lent processus qui conduit obligatoirement à la bureaucratisation et à la hiérarchisation ? (G. Boismenu et J. J. Gleizal, 1988, p. 52)

Même si l'institution juridique semble un lieu privilégié pour la reconnaissance officielle et publique de l'existence d'injustices et d'inéquités sociales, dans les faits, les solutions juridiques visant à les prévenir ou à y remédier semblent se heurter à de nombreux obstacles. Les questions du harcèlement sexuel et du viol sont des phénomènes comparables à l'abus

---

1. Warren (1981), en décrivant la situation qui existe aux États-Unis depuis que les expériences de désinstitutionnalisation ont entraîné le développement d'un marché très concurrentiel d'entreprises privées offrant des services aux démunis de tout acabit, parle de *social control entrepreneurship*. Ce vocable désigne tous les carriéristes ou entrepreneurs qui décident de se créer une réputation solide de bons gestionnaires en matière de gestion de la misère humaine (*social junk*).

sexuel de par leurs aspects intimiste et sexuel. Nous allons voir que, après les débats qu'ils ont suscités pour être mieux reconnus sur le plan juridique en tant que menaces profondes pour l'égalité sexuelle, leur reconnaissance ou leur redéfinition juridique n'a pas donné les résultats attendus.

Le harcèlement sexuel aux États-Unis

Weeks et Boles (1986) ont retracé l'histoire de l'émergence du harcèlement sexuel aux États-Unis. Ils ont constaté qu'une fois institué le système d'acheminement officiel des plaintes (au *Bureau of National Affairs*, en 1981), le problème du harcèlement sexuel a perdu de son importance. Dès lors, au lieu de favoriser les dénonciations, les services offerts auraient surtout servi à lutter contre la « discrimination » des femmes au sens large du terme. Par ailleurs, une bonne partie du travail exécuté, dans le contexte institutionnel et juridique instauré pour remédier au harcèlement sexuel, aurait consisté principalement à justifier l'existence des agences formées.

Dans l'ensemble, les mesures institutionnelles prises au sujet du harcèlement sexuel, en tant qu'affaire privée devenue question d'intérêt public (*the Transformation of Sexual Harassment from a Private Trouble into a Public Issue*), auraient été très peu orientées vers les services d'aide aux victimes. Un des groupes qui, à l'origine, avaient contribué à la dénonciation du problème sur la scène publique et qui, par la suite, n'avaient pas participé au processus de traitement institutionnel du problème, en vint à dire que la prévention et la diminution du harcèlement ne pouvaient se réaliser sans l'élimination d'un sexisme institutionnel. Car, selon Weeks et Boles (1986), une fois le processus de plaintes devenu officiel, il y aurait eu un détournement des objectifs de base au profit de la sauvegarde de valeurs plus institutionnelles et de certains intérêts concernant la prise en charge des situations décriées.

Le mouvement contre le viol en Italie

Pitch (1985), dans une analyse des mouvements contre le viol en Italie, nous a fait voir elle aussi comme est grand le fossé qui sépare les luttes des femmes et les résultats obtenus en matière de réformes législatives. L'auteure en est venue à dire que le viol est une forme de construit social, puisque ce serait davantage les hommes de loi (majoritaires dans les institutions juridiques) qui continueraient de définir le problème, plutôt que les femmes ayant milité en faveur d'une réforme à l'égard du problème. Encore là (tout comme cela semble avoir été le cas pour la question du harcèlement sexuel), les groupes de la base qui avaient exigé une meilleure définition du viol, des solutions plus justes à l'égard des victimes et des traitements plus appropriés à l'endroit des coupables, furent démantelés. Pitch (1985) précise tout de même que ce démantèlement s'inscrivait dans un mouvement de perte de vitesse assez généralisé des forces de gauche ou contestataires en Italie.

Dans les faits, ce sont des comités étatiques (formés par l'État à l'intérieur de l'État) qui, à la place des groupes de femmes de la base, ont rédigé un nouveau texte de loi. L'auteure en a conclu que, conséquemment, cette loi a donné naissance à : 1) une augmentation du pouvoir discrétionnaire des policiers et ; 2) un affaiblissement des droits et libertés, ce qui revient à dire que les revendications et les demandes des groupes de femmes militantes n'ont pas été satisfaites dans leur ensemble. De l'avis de Pitch, le mouvement aurait tout de même engendré un débat public sur la question de même qu'une prise de conscience politique et culturelle à l'égard de la violence faite aux femmes. Cette constatation s'appliquait également à la question du harcèlement sexuel.

En fait, bien que l'on puisse déplorer le fossé entre les demandes formulées par les groupes de femmes et les résultats obtenus au plan institutionnel, on ne peut nier certains effets positifs découlant des vastes campagnes de sensibilisation accompagnant les mouvements de réforme. Donc, même si l'institutionnalisation des problèmes sociaux semble souvent aboutir à une forme de bureaucratisation des doléances, voire à un mouvement d'inertie pour contrer le problème d'une manière fondamentale, il n'en demeure pas moins que c'est le seul moyen dont on dispose pour porter des problèmes privés à l'attention du grand public.

L'analyse des mouvements de réforme et surtout de leur transformation sur les plans institutionnel et juridique nous laisse tout de même perplexe, du moins par rapport aux deux exemples précités (le harcèlement sexuel et le viol). L'analyse plus détaillée qui suivra, concernant l'expérience de la protection de la jeunesse au Québec, aboutit aux mêmes conclusions, à savoir que l'institutionnalisation du problème des abus sexuels d'enfants par la bureaucratisation des services offerts semble aussi se traduire par une impasse quant à la valeur des services offerts aux usagers.

Il est évident que le seul facteur de la bureaucratisation des services, de par leur institutionnalisation, ne peut à lui seul nous permettre de comprendre pourquoi il en est ainsi. La bureaucratisation des services et la paralysie qu'elle entraîne ne peuvent être abordées qu'en rapport aux intérêts professionnels en cause dans les entreprises de réforme, voire de création des services d'aide.

Les intérêts professionnels

Il existe de profondes contradictions chez tous les professionnels du « social ». Il y a, d'un côté, le fait de choisir une profession d'aide, voire de don de soi à la cause des opprimés ou des personnes en difficulté et, de l'autre, cette charité « professionnalisée » qui doit se transformer en gagne-pain.

Le premier élan pousse les personnes à adopter ce champ de travail par souci de générosité, tandis que l'autre les pousse à vouloir s'assurer une sécurité d'emploi et des conditions de travail parfois irréalistes (en fonction des nécessités des usagers). Ces deux aspects entrent souvent en contradiction. Les conditions de travail réclamées — par exemple le refus de certains travailleurs sociaux d'aller visiter les personnes en difficulté dans leur milieu de vie ou en dehors des heures régulières de travail — peuvent effectivement s'opposer à la qualité des services offerts aux usagers.

Ce profond paradoxe est d'autant plus difficile à traiter que l'œuvre de charité, nous le savons tous, requiert ce que l'on appelait autrefois la « vocation ». Par ailleurs, nous ne sommes pas sans savoir aussi que les « clients » des services sociaux se présentent souvent dans des états lamentables. Les « agents de relations humaines » doivent en général les traiter à la douzaine ; il n'est pas étonnant, dans ce contexte, que ces intervenants sociaux soient les champions reconnus pour ne pas dire les inventeurs du *burnout*, du moins au Québec. Ils transigent quotidiennement avec la misère humaine et ils se sentent plus souvent qu'autrement impuissants devant l'ampleur et la gravité des problèmes dont ils sont témoins.

Nous verrons que ce phénomène saute aux yeux pour certains des intervenants rencontrés dans le cadre de notre recherche sur les abus sexuels d'enfants. D'autres (nous le constaterons aussi) deviendront cyniques ou encore finiront par se dégager de toute responsabilité devant la situation d'intervention actuelle qu'ils déplorent majoritairement. Dans ce dernier cas, ils accuseront les administrateurs et les concepteurs des services sociaux de tous les maux. Leur position comme acteurs dans le système leur semble souvent étrangère, voire inexistante.

C'est surtout un manque de conscience des intervenants sociaux à l'égard de leur pouvoir auprès des usagers qui nous incite (malgré toute notre sympathie et notre compréhension devant leur situation d'intervenants et leurs difficultés) à mettre l'accent sur les intérêts professionnels dont ils peuvent être imbus dans leurs actions quotidiennes, et ce, souvent d'une manière bien inconsciente.

Précisons ici que cette question des intérêts professionnels devrait largement dépasser le seul champ du travail social proprement dit. Plusieurs carrières se bâtissent actuellement sur le dos de la misère humaine. Nous pensons ici à l'analyse des carrières en gestion dans les services de santé et les services sociaux, qui permettrait certes d'observer que les intervenants sociaux, protégeant leurs intérêts à titre de salariés dans la production de services, ne sont que la pointe de l'iceberg dans cette entreprise de transformation de la misère humaine en source de sécurité et de revenus. Aux États-Unis, cette situation est d'autant plus déplorable que les services de santé et les services sociaux sont encore largement privatisés. Scull précisait, à propos de cette situation :

> Particulièrement en Amérique, un effort important est déployé en vue de transformer la misère sociale en des moyens de faire du profit pour les professionnels et les entrepreneurs. (A. Scull, 1977, p. 120 ; traduction libre [2])

Plusieurs travaux dans le domaine de la sociologie des professions ainsi que des études sur le corporatisme font ressortir le poids de certains de ces intérêts précisément dans l'expérimentation ou l'appropriation de nouvelles formes de contrôle social. Celles-ci, d'après ce que nous avons vu précédemment, seraient plus près du psychisme et du « service-socialisation » en s'éloignant d'une emprise plus directe sur le corps (Foucault, 1976). Certains auteurs sont carrément cyniques et imputent aux professionnels un pouvoir quasi magique dans le processus de détérioration des objectifs humanitaires à la base des réformes contemporaines en matière de contrôle social.

Devant ces considérations, il demeure évident que les professionnels agissent de plus en plus à titre d'agents de contrôle social (Renaud, 1984). D'ailleurs, ces fonctions de contrôle rendent plusieurs professionnels mal à l'aise (Day, 1981 ; Lesemann et Renaud, 1980).

Day (1981), dans une étude des mouvements de protection des jeunes tant aux États-Unis qu'en Angleterre, en est arrivé à la conclusion que les contradictions et la confusion règnent chez les travailleurs sociaux par rapport à leurs fonctions d'aide, d'autorité et de contrôle.

Dans une autre analyse, Godbout (1987) a posé la question des professionnels en des termes tout à fait différents. Il a identifié deux types d'exploitation, l'une capitaliste et l'autre professionnelle. Il défend cette idée de l'exploitation professionnelle partant du fait, entre autres, que dans la relation professionnelle une forme de plus-value est retirée. Pour saisir ce point de vue, il importe de connaître la définition de la professionnalisation fournie par Godbout et Paradeise, qui se lit comme suit :

> Processus par lequel un producteur échappe au contrôle du client, ou, autrement dit, contrôle lui-même le produit en se protégeant à la fois du contrôle par la relation marchande (la concurrence) et du contrôle démocratique (par les élus, les représentants de la clientèle). Ce processus s'accompagne d'une idéologie professionnelles servant à justifier ce contrôle, idéologie qui

---

2. *Particularly in America, an effort is underway to transform "social junk" into a commodity from which various "professionnels" and entrepreneurs can extract a profit.*

est basée sur l'idéologie de service (pour s'opposer à la relation marchande) et sur la compétence scientifique (pour s'opposer au contrôle des élus). (J. T. Godbout et C. Paradeise, 1988, p. 102)

L'approche de Godbout (1986) laisse entendre que, dans leur contexte de travail (d'autant plus s'ils sont permanents), les producteurs de biens et de services (comprenant tant les salariés que les producteurs directs et les dirigeants d'organisations) ont tendance à dominer leurs clients. Dans son livre *La démocratie des usagers*, Godbout s'exprime en ces termes :

> Il en résulte que ceux dont le rôle de producteur n'est pas soumis à la relation marchande tendent à dominer leurs clients et à les exploiter dans la mesure où ce qu'ils retirent d'eux est beaucoup plus important que ce que eux retirent en tant que producteurs soumis à la relation marchande. La « plus-value » réalisée par le producteur sur le client dans la relation professionnelle — même lorsque le client est formellement patron de l'organisation — rend nécessaire l'élargissement de la notion d'exploitation... (J. T. Godbout, 1986, p. 117)

Il est évident que les intérêts professionnels exercent une influence considérable dans la définition et la gestion des problèmes sociaux. Par contre, on doit se garder de ne considérer que ce facteur pour expliquer les désillusions entraînées par l'application et la mise en œuvre de la gestion professionnelle des problèmes sociaux. La bureaucratisation des services sociaux, nous l'avons vu précédemment, opère aussi de son côté un étouffement serré des tentatives de changement.

En approfondissant la question des abus sexuels par l'analyse de l'expérience de la protection de la jeunesse au Québec, nous serons mieux en mesure de cerner comment les enjeux institutionnels et professionnels sont enchevêtrés.

CONCLUSIONS DE LA PREMIÈRE PARTIE ──────

Cette première partie nous a permis de porter des regards généraux sur le contrôle social, regards qui permettront au lecteur de pénétrer d'une manière plus éclairée dans l'analyse du mouvement de la protection de la jeunesse au Québec.

Il est certain que notre façon d'envisager les réformes dans leur ensemble comporte plusieurs limites. La première concerne la portée macro-sociologique de notre travail, la seconde a trait au désenchantement (à l'égard de quelque mouvement de reforme que ce soit) ainsi qu'au découragement possibles à l'égard de tout changement que nos propos pourraient engendrer. Enfin, il est à se demander si nos réflexions n'aboutiront pas à d'autres velléités réformatrices non souhaitables. Par rapport à ce dernier aspect, soulignons que les mouvements de réforme dont il a été question sont issus de discours critiques qui, dans les années 1960, dénonçaient par exemple le caractère totalitaire des institutions. La désinstitutionnalisation consécutive ne semble pas avoir aidé réellement les personnes qui autrefois vivaient massivement en institution. Ces questions des suites ou des conclusions données à un ouvrage ne peuvent être contrôlées par le chercheur.

Espérons que les aspects pessimistes de ces constatations à l'égard du contrôle social ne conduiront pas vers des faux-fuyants, telle la privatisation pure et simple des services d'aide dans le but de contrer seulement la bureaucratisation des services offerts. L'exemple américain met en évidence le fait que la privatisation des services d'aide s'est faite au détriment des personnes en difficulté.

Concernant la portée macrosociologique de l'ouvrage, l'absence de relations établies jusqu'ici entre le contrôle social, l'économie et la politique est une lacune qui transparaîtra dans l'ensemble de l'ouvrage. Nous croyons du reste, à la suite de Landreville (1983), que les tentatives visant à établir un rapprochement entre la politique, l'économie et le fonctionnement du système de contrôle social sont généralement fonction des positions adoptées par les théoriciens à l'égard des conceptions de l'État, principalement dans ses rapports avec les institutions. Dans la mesure où l'on conçoit ces dernières dans une relation de dépendance totale à l'État, on ne peut qu'envisager les changements opérés comme la conséquence d'une évolution de l'État. Cette évolution, à son tour, peut être interprétée selon qu'on met ou non l'accent sur les dimensions politiques ou économiques. Enfin, la diversité des théories dans ce champ permet de multiples constructions autour de la pseudo-réalité. Il n'en demeure pas moins que les sphères politiques et économiques ne peuvent être séparées ou fonctionner en dehors de l'exercice concret du contrôle social, lequel en est peut-être même à la source.

Toutefois, notre ouvrage au complet ne se pose pas, au départ, en tant que travail macrosocial. Au contraire, notre démarche s'inspire surtout des prémisses de Blumer qui voyait le courant interactioniste comme une démarche s'amorçant autour de la molécule pour en découvrir les diverses interprétations du monde.

Une telle approche peut éloigner le chercheur des grandes théories ou corpus conceptuels qui exigent un effort d'abstraction soutenu. Les recherches sur le terrain créent par contre un tout autre état d'esprit chez le chercheur. Il faut aussi se demander si les recherches qualitatives n'attirent pas, au départ, des individus qui pataugent moins bien dans l'exercice de la théorisation pure. Ce fut peut-être notre cas.

Si nous revenons maintenant au contenu proprement dit de la première partie, il en ressort (ce qui devient très inconfortable) que tout mouvement de changement semble se heurter à des difficultés si imposantes qu'en fin de compte « plus ça change, plus c'est pareil ». Pis encore, les réformes semblent conduire à plus de répression et à l'étiquetage de plus en plus répandu de personnes considérées comme indésirables ou requérant de l'aide. Ces constats ont de quoi décourager quiconque serait désireux de vouloir changer le cours des choses.

L'exemple du mouvement des femmes par rapport à ce que nous pourrions appeler la « dialectique du contrôle social » permet plusieurs réflexions à ce propos. Miller (1987) a fait paraître un article portant précisément sur le dilemme vécu par les féministes quant à leur rôle en tant qu'agentes de contrôle social. Tout en reconnaissant que les campagnes de lutte contre toutes formes d'agressions sexuelles (y compris les abus sexuels d'enfants) ont entraîné des effets pervers (tel un contrôle excessif de l'État dans la vie privée des gens), l'auteure est d'avis que ces campagnes ont tout de même permis des gains importants pour les femmes en ce qui concerne l'appropriation d'un rôle par un groupe d'influence. Ce facteur est loin d'être négligeable et pourrait à lui seul donner un sens à tout projet de réforme, principalement s'il s'agit de groupes qui ne réussissent pas à se faire entendre au sein des tribunaux ou sur la place publique. De fait, à partir des deux exemples signalés plus haut (le harcèlement sexuel et le viol), le mouvement d'émancipation de la femme par le truchement de la reconnaissance officielle de ses droits fondamentaux à disposer de son corps, même s'il n'a pas donné les résultats escomptés, a certes engendré une certaine sensibilisation du public. Ces gains doivent être considérés malgré tout.

Enfin, il est bien évident que tout changement, même s'il a trait à des sphères personnelles et psychologiques, ne se fait pas du jour au lendemain. Les réformes que l'on a connues depuis les années 1960 (y compris une forme d'accès à l'égalité des femmes) avaient trait à des changements sociaux époustouflants. On a voulu qu'ils se concrétisent très rapidement même s'ils s'attaquaient à des questions encroûtées et vieilles comme le monde (tels l'internement, l'incarcération et l'égalité des sexes). Il n'est pas étonnant, dans ces conjonctures, qu'on doive essuyer des échecs et, néces-sairement, penser à des possibilités de changement plus réalistes. La recherche évaluative prend ici toute son importance, même si elle est loin d'avoir comme fonction première de nous conforter dans nos positions de départ. La seconde partie de notre ouvrage va en ce sens et il est à souhaiter que de nouvelles solutions à un problème aussi grave que l'inceste puissent en émerger.

Deuxième partie

Étude qualitative sur l'expérience québécoise de la protection de la jeunesse

INTRODUCTION ─────────────────────────────

Nous allons maintenant rendre compte de l'étude que nous avons réalisée sur la protection de la jeunesse en matière d'abus sexuel d'enfants. Dans cette étude qualitative, nous analysons principalement le processus de définition de l'abus sexuel d'enfants par des intervenants mandatés officiellement pour prendre en charge les signalements de ces cas.

Il est entendu que nous voulons examiner en profondeur une réforme qui promettait, à l'origine, d'aider les enfants et les familles en difficulté grâce à des interventions préventives et curatives. Nous tenterons donc de comprendre l'impact et le sens de cette nouvelle forme de contrôle social qui, comme nous l'avons déjà précisé, semble s'ajouter aux anciennes plutôt que s'y substituer. Ce qui tend à donner un certain poids à l'hypothèse voulant que nous assistions présentement à une augmentation des contrôles de l'État dans la vie privée plutôt qu'à une nette amélioration des services offerts aux personnes en difficulté.

Le fait d'analyser la réforme opérée sous l'angle de sa définition spécifique par des intervenants sociaux repose sur une idée soutenue à l'intérieur du modèle théorique interactioniste symbolique qui met l'accent sur les procédés de construction de la réalité pour saisir les rapports de force qui existent dans l'appropriation d'un champ spécifique d'intervention ou de spécialisation. Afin de bien situer le contexte d'intervention étudié, nous allons d'abord présenter une vue d'ensemble de l'évolution des interventions de l'État québécois dans le domaine de la protection de la jeunesse. Par la suite, nous traiterons de trois facteurs d'importance dans l'analyse du processus de définition du problème de l'abus sexuel depuis son institution-nalisation au cours de réformes sociales des années 1970. Il y a d'abord la structure d'intervention telle qu'elle a été conçue de même que son fonction-nement qui influent sur le processus de désignation et d'identification de l'abus sexuel. Parallèlement, les représentations entretenues à propos de l'abus sexuel exercent une influence dans l'action définitionnelle. Enfin, il faut examiner la position des intervenants envers la structure d'intervention pour comprendre comment ils en arrivent concrètement à définir le problème.

Dans cette partie, nous allons donc pouvoir examiner des situations concrètes d'intervention qui nous permettront de mieux situer l'action définitionnelle des intervenants par rapport à un ensemble de contraintes auxquelles ils doivent faire face. Ainsi, l'analyse de certaines pratiques nous a permis de repérer des mécanismes d'adaptation secondaires dans l'exercice du travail des intervenants. Ces mécanismes visent à contourner une forme d'assujettissement à la structure et à l'appropriation de certaines zones d'autonomie dans l'action. Nous pourrons voir que l'identification de l'abus sexuel de même que le cheminement d'un cas dépendent de ces différents modes d'application.

Par ailleurs, les intervenants sont susceptibles d'être influencés, dans l'identification des cas d'abus sexuel, par certaines perceptions liées au type de clientèle auprès duquel ils interviennent. Ainsi, leur jugement pourrait être influencé par le type même de clientèle desservie généralement par les services sociaux (soulignons, entre autres, les individus qui affichent des carences au plan linguistique).

Enfin, la question qui se pose tout au long de l'étude concerne la relativité des perceptions prédominantes à l'égard d'un problème aussi grave et épineux que l'abus sexuel d'enfants. Nous verrons que le fonctionnement actuel de nos services sociaux (la bureaucratisation des services) nous porte à croire que la souffrance des enfants et des parents est surtout vue et interprétée en regard des impératifs de gestion et de certains intérêts au niveau de la prise en charge des cas.

Chapitre 1

Le contexte général de l'intervention pour les cas d'abus sexuel d'enfants ———————————

L'ÉVOLUTION DE LA PROTECTION DE LA JEUNESSE AU QUÉBEC (1867-1984) ————

Des commissions d'enquête et des mouvements sociaux ont marqué l'évolution de la protection de la jeunesse au Québec. Les mouvements sociaux les plus importants se sont produits au cours de la seconde moitié du vingtième siècle et ils ont été l'apanage de groupes de professionnels. Cependant, ce sont des lois et des commissions d'enquête qui ont posé les premiers jalons de l'intervention de l'État au Québec dans le secteur de la protection des jeunes.

Les premiers jalons

C'est l'Acte confédératif de 1867 qui, pour la première fois, conféra aux provinces canadiennes une juridiction provinciale dans certains domaines du droit, entre autres dans les questions relatives à la jeunesse.

Ensuite furent instituées les écoles industrielles et les écoles de réforme qui relevaient administrativement du secrétariat de chaque province. Le maire d'une municipalité, les juges (qui présidaient des cours criminelles lorsque des parents avaient été condamnés), des parents, des tuteurs ou des gardiens de l'enfant pouvaient demander qu'un jeune soit placé dans de telles écoles. D'autres lois viendront se greffer à ces législations : la *Loi du travail dans les écoles de réforme et de l'industrie* (SRQ 1941) et la *Loi du placement en apprentissage des enfants internés* (SRQ 1941).

La *Loi sur les jeunes délinquants* fut adoptée en 1909. Elle témoignait d'une volonté de traiter les mineurs différemment des adultes lorsqu'ils étaient mêlés à des délits criminels. Cette loi resta en vigueur pendant plus de soixante-dix ans.

Soulignons que pendant la première moitié du vingtième siècle, le mouvement de protection s'est amorcé lentement. Les lois sur les écoles industrielles et de réforme de même que la *Loi sur les jeunes délinquants* se présentaient davantage sous l'angle de la pénologie préventive [3] que sous l'angle de la protection. Bien que la *Loi sur les jeunes délinquants* ait engendré une perspective de protection particulière des jeunes, ce sont principalement les travaux de deux commissions d'enquête qui contribuèrent à l'émergence d'un mouvement de protection au Québec.

En 1930, on créa une commission des assurances sociales du Québec chargée d'étudier la possibilité de l'établissement d'un système d'assurance sociale et de placement familial. La commission devait aussi faire enquête sur le traitement infligé aux enfants en situation de travail, le mode d'adoption des orphelins, le mode de placement des enfants adoptés et l'assistance accordée aux familles nombreuses.

Trois ans plus tard, les commissaires, sous la direction de l'Honorable J.-C. Arcand, remirent leur rapport où ils préconisaient un engagement accru de l'État dans le domaine de la protection de l'enfance. Cette citation en témoigne :

> Il s'ensuit que l'on doit bien connaître les besoins de l'enfant et s'assurer si les parents sont en mesure de satisfaire à ses besoins. Mais étant donné les complexités de la vie moderne, la famille ne peut pas arriver à fournir à l'enfant tout ce que son développement requiert ; et l'État intervient pour réglementer certaines conditions sociales et, en particulier, pour promouvoir l'hygiène, l'enseignement et les services sociaux. Cependant, malgré cette action de

---

3. La pénologie préventive est une forme de réclusion apparentée à un châtiment pénal, dans le but de prévenir ou d'empêcher que des jeunes, étant donné leurs conditions sociales ou leurs penchants, commettent des vols ou autres délits. Cette forme d'intervention est nettement différente d'une forme de prévention de type rééducatif.

> l'État, il se trouve toujours des enfants qui échapperont aux soins d'une famille et se trouveront dans une situation désavantageuse : ceux que leurs parents ont abandonnés ; ceux dont les parents, pour quelque raison d'*immoralité* ou d'*inconduite*, ne sont pas dignes d'exercer leur responsabilité naturelle ; ceux, enfin, dont les parents sont dans un état de pauvreté tel qu'ils ne peuvent pas subvenir aux besoins de leur famille. Ce dernier cas est celui de la mère nécessiteuse, chargée d'enfants en bas âge. Dans tous cas, l'État doit intervenir pour solidifier l'autorité des parents ou pour établir une tutelle pour l'enfance abandonnée. (Commission des assurances sociales du Québec, 1933, 1er, 2e, 3e et 4e rapports. Citation relevée dans O. Damours, 1982, p. 10)

Les commissaires évoquèrent de plus le bien-fondé du dépistage et de la prévention à connotation éducative, estimant que la situation des mineurs pris en charge par l'État se produisait trop souvent une fois les circonstances aggravées. Cette position rend compte, à notre avis, de l'émergence d'un mouvement québécois favorisant une nouvelle forme plus intense des contrôles de l'État en matière de protection.

Par ailleurs, l'Honorable Adélard Godbout mandata, en 1944, la Commission d'assurance-maladie du Québec, sous la présidence de M. Antoine Garneau, pour faire enquête sur les garderies et la situation des enfants au Québec. La Commission proposa l'adoption d'une première loi de protection de la jeunesse. Cette loi, qui ne fut jamais adoptée, prévoyait la formation d'un conseil supérieur de la protection de l'enfance (composé de douze membres nommés par le gouvernement, dont dix de religion catholique romaine et deux de religion protestante). Le Conseil devait s'adjoindre trois membres désignés par l'Assemblée des évêques catholiques, un autre par le ministre de la Santé, un juge et au moins une personne de sexe féminin.

On suggéra en outre la nomination d'un directeur et d'un directeur-adjoint de la protection de l'enfance, nommés par le lieutenant-gouverneur en conseil. On proposa également la formation d'un comité de protection de la jeunesse sous la responsabilité du directeur. En plus de préconiser la mise en place de cette infrastructure, la Commission Garneau recommanda la création de cours familiales et la reconnaissance officielle des Sociétés de protection de l'enfance.

Au cours de l'année de parution du rapport de la Commission d'assurance-maladie du Québec, l'Assemblée législative vota la *Loi instituant les cours familiales*, la *Loi concernant la protection de l'enfance* et la *Loi instituant le département du Bien-être social*. Cependant, ces lois ne furent jamais mises en application et les projets de loi restèrent lettre morte par suite de protestations publiques.

Entre-temps, en 1937, on créa, à Montréal, la Société d'adoption et de protection de l'enfance, qui avait pour but de venir en aide à l'enfance malheureuse et de voir au placement d'enfants et au soutien des filles-mères.

Au cours de la même année, on assistait aussi à l'ouverture du premier bureau d'assistance sociale aux familles à Montréal, œuvre qui se proposait de secourir et de réhabiliter les familles désorganisées. Les enfants confiés à cet organisme étaient davantage placés en pension qu'en institution. Le personnel de ce bureau, subventionné par le gouvernement québécois, était recruté à l'École de service social de Montréal. D'autres organismes semblables apparurent dans des régions telles que Hull et Sherbrooke.

À partir de cette époque, un personnel spécialisé et rémunéré par l'État québécois allait progressivement prendre en charge la protection des mineurs.

La *Loi des allocations familiales* fut sanctionnée en 1945. Cette loi (mise en vigueur en 1947) visait explicitement à aider les familles qui avaient charge d'enfants placés hors de leur foyer. L'administration des allocations ainsi versées était confiée à des agences diocésaines de services sociaux qui devaient exercer un certain contrôle et, en raison de leur vocation, aider les familles. Cette action ne fut pas sans encourager la formation de divers organismes de services sociaux.

Durant les mêmes années, on assista à l'adoption (1945) et à la mise en vigueur (1947) de la *Loi concernant la clinique d'aide à l'enfance*, clinique rattachée à la cour des jeunes délinquants de Montréal. La nouvelle loi suggérait explicitement la présence de spécialistes afin d'évaluer la situation des jeunes et de suggérer des mesures préventives :

> Le lieutenant-gouverneur en conseil peut nommer pour faire partie de ce service, des spécialistes en psychiatrie, en psychologie, en médecine, en service social et tous autres fonctionnaires et employés nécessaires pour en assurer l'efficacité. (La *Loi concernant la clinique d'aide à l'enfance*, 1944, SRQ, c. 50, p. 237)

En somme, au Québec, pendant la première moitié du vingtième siècle, les interventions de l'État en matière de protection de l'enfance furent plutôt limitées. Des témoins de l'époque se rappelleront sans doute que c'est l'Église et ses diverses institutions qui venaient en aide aux personnes et aux familles qui réclamaient des soins [4].

---

4. Il importe de préciser à ce sujet que notre recherche ne s'attarde pas du tout à l'étude du contrôle social exercé par l'Église avant la professionnalisation des services sociaux. Il serait tout à fait opportun de mener une telle recherche, car l'hypothèse de l'augmentation des contrôles s'en trouverait mieux validée ou pourrait tout aussi bien être infirmée. Il est possible de croire que l'Église, en matière d'anomalies sexuelles (ou de problèmes honteux) telles que l'inceste, ait exercé des formes de contrôle social très puissantes. Par ailleurs, l'aide fournie par l'Église à l'époque pouvait être distribuée de manière inégale, voire injuste selon le statut social, l'appartenance religieuse, le type de pratique, etc., des personnes « nécessiteuses ». Mais ces aspects auraient avantage à être approfondis.

Vers le milieu du siècle, apparut cependant un nouveau discours visant à promouvoir un accroissement des contrôles de l'État et une sorte de laïcisation de l'aide à l'enfance. L'intervention qu'on préconisa alors était de type « service social ». Parallèlement à un accroissement des contrôles, il s'ensuivit une professionnalisation des services reliés à l'enfance. Le mouvement de protection se manifesta de manière de plus en plus formelle et étatisée.

Un élément qui caractérise bien le virage effectué au milieu du vingtième siècle est certes l'utilisation du concept de « protection » pour des situations ou conflits impliquant des mineurs. En 1950, la *Loi relative aux écoles de protection de la jeunesse* rendait désuète la *Loi concernant les écoles de réforme*. Dans un même élan, on adopta cette année-là la *Loi de la protection de la jeunesse* visant à protéger les enfants exposés à des dangers moraux et physiques. De plus, on créa à Montréal la cour du Bien-être social.

Le mouvement de protection prenait forme de même qu'une idéologie s'y rattachant. Toutefois, c'est au cours des années 1960 que le mouvement prit le plus de vigueur pour s'affirmer définitivement dans les années 1970. Durant cette période, les lois et projets de loi marquèrent fortement l'intervention auprès des jeunes en difficulté et des adultes responsables d'abus auprès des mineurs.

L'étatisation des agences de service social

Les agences de service social se regroupèrent en fédération en 1963. À cette époque, les interventions du gouvernement du Québec se faisaient de plus en plus généreuses en matière de placement d'enfants, ce qui s'est traduit par un nombre croissant de placements et de plus en plus de supervision exercée par ces agences.

En 1966, le gouvernement décida de former la Commission d'enquête sur la santé et le bien-être social au Québec, présidée d'abord par M. Claude Castonguay jusqu'en mars 1970, ensuite par M. Gérard Nepveu, à partir d'avril de cette même année. Cette commission définit une nouvelle approche dans l'organisation des services de santé et des services sociaux au Québec. Cette approche marqua toute la réforme des années 1970, réforme qui s'articula en fonction des moyens suivants : de nouvelles lois ainsi que des outils administratifs spécifiques. Par ailleurs, la réforme fut centrée autour d'un nouveau ministère, celui des Affaires sociales (créé en 1970), constitué à partir de la fusion du ministère de la Santé (créé en 1936) avec celui de la Famille et du Bien-être social (créé en 1961).

La *Loi sur les services de santé et les services sociaux*

À la suite des recommandations de la Commission Castonguay-Nepveu, la *Loi sur les services de santé et les services sociaux* entra en vigueur en 1971, établissant les modalités de fonctionnement de cinquante-cinq agences de services sociaux regroupées en quatorze centres des services sociaux dans tout le Québec.

Cette loi établissait, entre autres, les grands principes reliés à l'intervention sociale au Québec pour la période dont nous traiterons ici. Les buts poursuivis par le législateur, formulés dans son discours de présentation, méritent notre attention afin de situer le contexte général d'alors et la forme d'intervention mise en application. Le premier but poursuivi consistait à faire disparaître le « morcellement et le cloisonnement » des « systèmes de distribution des soins ». On estimait alors qu'il existait trop de systèmes parallèles contribuant à l'augmentation des coûts des services, sans pour autant améliorer l'état de la population. Le second but, qui reflète la philosophie du Rapport Castonguay, était de rendre plus accessibles à tous les citoyens des services de santé complets. On voulait permettre à la population d'avoir accès facilement à un régime mieux coordonné de soins aussi bien physiques que mentaux et sociaux. De plus, selon l'intention législative, il était question de répondre sur le plan de la gestion à un souci d'efficacité administrative.

Cette loi est encore en vigueur au Québec et l'application de la *Loi sur la protection de la jeunesse* (dont nous traiterons plus loin) y est étroitement liée. Nous pouvons donc dire que le cadre formel de l'intervention pour abus sexuel relève de la *Loi sur les services de santé et les services sociaux* du Québec en plus de se rattacher directement à l'application de la *Loi sur la protection de la jeunesse*. Plus spécifiquement, la plupart des enfants réputés comme ayant besoin de protection en raison d'abus sexuel à leur endroit, en vertu de la *Loi sur la protection de la jeunesse*, reçoivent parallèlement des services dispensés dans le cadre de la *Loi sur les services de santé et les services sociaux* du Québec.

Toutefois, avant l'entrée en vigueur de la *Loi sur la protection de la jeunesse* (en 1977) des lois et des projets de loi auront précédé l'importante réforme introduite par cette loi.

Le Projet de loi 65

En 1972, on déposa un premier projet de loi concernant la réforme en matière de protection de la jeunesse. Ce projet de loi suscita plusieurs contestations principalement de la part de la Ligue des droits de l'homme du

Québec, car le projet proposé prévoyait de confier la réception et l'orientation sociale ou judiciaire des cas à un service relevant du ministère de la Justice.

En réponse aux critiques suscitées par le projet de loi (qui ne fut jamais adopté), on institua une commission parlementaire en 1973 qui entendit les plaidoyers de professionnels (incluant des criminologues, des éducateurs et des juges), de représentants des institutions (Boscoville, Sainte-Justine) et de représentants de corporations ou d'associations (travailleurs sociaux, agents de probation, membres de la Ligue des droits de l'homme).

Dans les principaux commentaires émis, on remettait en question le rôle du ministère de la Justice. On se prononçait aussi en faveur d'une reconnaissance plus explicite des droits des enfants et de l'établissement d'une distinction plus claire entre protection sociale et protection judiciaire. Des différents témoignages recueillis, il ressortait que l'enfance maltraitée était considérée comme un fléau au Québec et que les dispositions comprises dans le projet de loi ne permettaient pas de résoudre adéquatement ce problème.

La protection des enfants soumis à de mauvais traitements

En 1974, on adopta la *Loi concernant la protection des enfants soumis à de mauvais traitements*, laquelle prévoyait l'instauration du Comité de la protection de la jeunesse (CPJ), relevant directement du ministère de la Justice. C'est au sein de ce comité qu'on utilisa pour la première fois la notion d'abus sexuel [5].

On inscrivit directement dans le texte de loi l'obligation générale (c'est-à-dire pour toute personne) de signaler sans délai des cas d'enfants soumis à de mauvais traitements physiques par suite d'excès ou de négligence. De plus, on assura que l'identité de toute personne qui dénoncerait ces situations pourrait être gardée confidentielle.

Aussi, en vertu de cette loi, les personnes chargées de faire enquête à la suite de dénonciations pouvaient pénétrer en tout temps convenable dans tous les lieux et endroits dans lesquels se trouvait, présumément, un enfant soumis à de mauvais traitements physiques et y interroger tout témoin. Cette décision conférait aux enquêteurs un large pouvoir discrétionnaire. Toutefois, d'après un avis juridique sollicité par le CPJ à la Direction des

---

5. L'examen de la documentation officielle produite au Québec sur les abus sexuels nous a permis de faire cette assertion.

affaires civiles et pénales, il ressort que, dans les faits, les conseillers enquêteurs ne pouvaient pénétrer sans mandat dans des endroits où les occupants s'y opposaient. À cet égard, le Comité soulignait dans son premier rapport annuel les problèmes éprouvés :

> Il faut alors soit faire intervenir la police, soit requérir un mandat d'un juge de la cour. D'où des délais parfois très embarrassants et néfastes pour la protection de l'enfant. (Comité de la protection de la jeunesse, 1977, p. 22)

Par ailleurs, le législateur avait prévu l'imposition d'une amende aux personnes s'opposant à l'entrée des conseillers ou les empêchant de remplir leur fonction.

Soulignons en terminant que cette loi, comme d'autres lois semblables, comportait une forme d'immunité pour le Comité ou ses membres. Ces derniers ne pouvaient être poursuivis en justice pour les actes accomplis de bonne foi dans l'exercice de leurs fonctions.

Cette loi modifiait radicalement, selon nous, l'intervention en matière de protection de la jeunesse, en rendant les signalements obligatoires, en protégeant l'identité des dénonciateurs et en facilitant les processus d'enquête. On peut ajouter à cela que, par cette loi, le ministère de la Justice devenait le principal gestionnaire en matière de protection de la jeunesse, par l'intermédiaire d'un comité spécial qui allait mettre en application de nouvelles normes et assurer une première gestion de ce qui était maintenant désigné sous le vocable d'abus sexuel. Par contre, cette loi allait vite être abrogée et remplacée par l'actuelle *Loi sur la protection de la jeunesse*.

La *Loi sur la protection de la jeunesse*

Il serait fastidieux de décrire tous les jeux de coulisse, toutes les consultations, toutes les réactions publiques qui ont contribué, à partir de 1975, à l'élaboration de nombreux objectifs, puis à l'avant-projet de loi et enfin au projet de loi qui allaient mener en 1977 à l'adoption de la *Loi sur la protection de la jeunesse*, communément appelée la Loi 24. La notion d'abus sexuels allait être inscrite dans ce texte de loi.

L'évaluation des situations d'abus sexuel dépendrait désormais d'une autre instance que celle du Comité de protection de la jeunesse, relevant du ministère de la Justice. La nouvelle loi conférait en effet au directeur de la protection de la jeunesse (DPJ) la responsabilité d'évaluer les signalements concernant des enfants maltraités. La *Loi sur la protection de la jeunesse* dotait ainsi le DPJ d'un vaste éventail de pouvoirs. Cette nouvelle instance serait rattachée au ministère des Affaires sociales et intégrée aux Centres des services sociaux du Québec. Ainsi, la loi conférait définitivement au contrôle ou à l'intervention qui allait être exercée, le style de « service social ».

Par ailleurs, le Comité de protection de la jeunesse conservait un droit de regard sur la définition des situations problèmes puisque la loi lui donnait le mandat de réexaminer des signalements.

Quant aux principes directeurs de la *Loi sur la protection de la jeunesse*, le premier s'articulait autour de la primauté de l'intervention sociale sur l'intervention judiciaire. C'est ce qu'on a appelé le principe de la **déjudiciarisation**.

Un deuxième principe directeur de la Loi était la **reconnaissance des droits des enfants**. Ainsi, dès la prise en charge d'un enfant, l'enfant et ses parents devraient être informés de leur droit de consulter un avocat et de leur droit d'appel (article 5, al. 1). Par ailleurs, les déclarations de l'enfant au Comité ou au directeur de la protection de la jeunesse ne pourraient être reçues en tant que preuve contre lui. De plus, la loi stipulait qu'un enfant de 14 ans et plus pourrait consentir à une évaluation même si ses parents s'y opposaient.

Un autre des principes sous-jacents à la nouvelle loi était le **droit fondamental pour l'enfant d'être maintenu dans son milieu naturel ou, à défaut, d'obtenir des conditions de vie semblables**.

La mise en application de la Loi 24 s'est révélée très coûteuse ; pourtant, au moment de son adoption, le ministre Marois précisait que la nouvelle politique devait restreindre les interventions de l'État. Le contraire semble s'être produit. De 1978 à 1981, le budget relatif au personnel est passé de 15 à 57 millions de dollars ; 700 postes de praticiens ont alors été créés. Il est difficile de croire, en ce cas, à un effet de limitation du développement bureaucratique de l'État relativement à la protection de l'enfance au Québec.

La Loi 24 allait, d'une part, donner force et vigueur à la juridiction provinciale dans le domaine de la protection de l'enfance au Québec et, d'autre part, favoriser l'accroissement de l'intervention de l'État dans la vie privée des citoyens.

Outre ces éléments d'ordre politique qui ne sont pas négligeables si on veut comprendre l'évolution et l'accroissement des contrôles de l'État québécois, on ne doit pas perdre de vue l'importance de la croisade menée par les professionnels dans le mouvement de protection de l'enfance.

Ce sont exclusivement des professionnels qui ont exercé des pressions visant à instaurer le type de réforme adopté. Aucun groupe d'enfants ou de parents aux prises avec des conflits ne se sont fait

entendre au cours des périodes cruciales où l'on a adopté les nouvelles mesures. L'absence quasi totale des personnes concernées (en dehors des professionnels qui allaient éventuellement occuper un rôle en matière d'intervention) dans le mouvement de protection de la jeunesse au Québec mérite d'être soulignée pour qu'on puisse saisir l'importance de la professionnalisation des services qui en a découlé.

La Commission Charbonneau

En 1981, l'Assemblée nationale du Québec adoptait une motion portant sur la formation d'une commission parlementaire spéciale sur la protection de la jeunesse.

En vue de la révision de la *Loi sur la protection de la jeunesse*, la commission présidée par M. Jean-Pierre Charbonneau devait procéder à une évaluation des applications de cette loi et des conséquences de ses applications, en regard des objectifs fondamentaux de respect et de protection des droits des jeunes et de protection légitime du public devant les infractions et les actes de délinquance.

Les recommandations de la Commission ont touché de multiples points de la Loi. Les signataires du Rapport ont principalement tenté d'établir des distinctions précises entre les situations de protection et celles de délinquance chez les jeunes susceptibles d'être touchés par cette loi. Il ressort des recommandations que le comportement délinquant chez l'enfant ne devrait pas nécessairement être confondu avec celui relevant d'un besoin de protection.

La recommandation 33 du Rapport se rapporte directement aux abus sexuels :

RECOMMANDATION 33

Considérant :

— Que les parents sont les premiers responsables d'assurer la sécurité et le développement de leur enfant ;

— Qu'une importante proportion des cas d'abus et de mauvais traitements sont imputables à des tiers ;

— Que les parents peuvent utiliser des recours prévus par d'autres lois pour intervenir à l'égard de la personne qui fait subir des mauvais traitements à son enfant [sic] ;

— Que de tels recours sont souvent complexes et que les démarches entreprises par les parents peuvent s'avérer parfois inefficaces ;

— Que la *Loi sur la protection de la jeunesse* devrait apporter aide et support à la victime ainsi qu'aux parents dans l'exercice de leurs responsabilités lorsque l'action parentale est déficiente ou inefficace.

NOUS RECOMMANDONS :

— Que l'article de la *Loi* concernant la situation des enfants victimes d'abus sexuel ou de mauvais traitements physiques soit scindée en deux (2) parties de manière à préciser que la sécurité ou le développement d'un enfant est compromis dans les situations suivantes :

• Lorsqu'il est victime d'abus sexuel ou soumis à des mauvais traitements physiques de la part de ses parents ;

• Lorsqu'il est victime d'abus sexuel ou de mauvais traitements physiques de la part de toute personne, et que les parents ne peuvent pas ou ne veulent pas prendre leurs responsabilités en regard de la situation.

La recommandation 34 du Rapport Charbonneau comportait, par ailleurs, un point précis en rapport avec les témoignages d'enfants victimes d'abus physiques ou sexuels :

I – Que la *Loi sur l'aide à l'enfance et à l'adolescence en difficulté* permette que l'on puisse recevoir le témoignage d'un enfant victime d'abus physique ou sexuel hors de la présence de l'adulte abuseur.

En outre, les entités ou structures créées en vertu de la Loi 24 ont été scrutées attentivement par les membres actifs de la Commission. Ces derniers ont tenté de mieux préciser le rôle du directeur de la protection de la jeunesse qui n'a cependant pas été remis en question dans son ensemble. Ils ont fait de même pour la place occupée par les Centres des services sociaux dans l'application de la loi. Par contre, ils ont proposé une redéfinition du rôle du Comité pour la protection de la jeunesse. Le Rapport suggérait enfin de mieux « penser le concept de protection ». On recommandait que la *Loi sur la protection de la jeunesse* soit dorénavant appelée : la *Loi sur l'aide à l'enfance et à l'adolescence en difficulté*.

Était-ce là un tournant particulier pour le mouvement de protection de la jeunesse au Québec ? Certes... mais les liens entre les recommandations du Rapport Charbonneau et l'adoption de changements subséquents ne feront pas ici l'objet d'une analyse.

La période que nous nous proposons d'examiner, relativement à l'intervention, ne correspond pas à celle où ont été apportés les amendements à la loi par suite des recommandations de cette commission. Précisons que des amendements ont effectivement été apportés à la *Loi sur la protection de la jeunesse* en 1984, quoiqu'ils aient été plutôt mineurs dans l'ensemble.

LE NIVEAU STRUCTUREL FORMEL

Les trois entités structurelles les plus importantes dans l'intervention en matière de protection des mineurs sont : les Centres des services sociaux (CSS), le directeur de la protection de la jeunesse (DPJ) et le Comité de la protection de la jeunesse (CPJ). Nous allons présenter ces entités selon une perspective formelle, c'est-à-dire en vertu de documents officiels et en traitant des lois qui les régissent (*Loi sur les services de santé et les services sociaux* et *Loi sur la protection de la jeunesse*).

Les Centres des services sociaux du Québec (CSS)

Les Centres des services sociaux du Québec ont été créés à partir de la fusion des agences de service social (agences qui dispensaient une gamme de services sur une base territoriale ou des services spécialisés à des clientèles cibles) et de l'intégration des services sociaux offerts dans des institutions telles que les hôpitaux, les centres d'accueil, les écoles et les institutions judiciaires. C'est en vertu des dispositions de la *Loi sur les services de santé et les services sociaux* qu'ils ont été constitués.

Lors de leur création, en 1973, les Centres des services sociaux de la région de Montréal ont été répartis selon les « caractéristiques socioculturelles » des populations desservies. Le CSSMM (Le Centre des services sociaux du Montréal métropolitain) allait offrir des services à la population francophone, le CSSVM (Centre des services sociaux Ville-Marie) à la population anglophone et le CSSJM (Centre des services sociaux juifs) à la population juive. En octobre 1982, le principe de responsabilité territoriale adopté pour les CSS a cependant modifié cette orientation. Toutefois, des ententes de services sont prévues entre les CSS afin que chacun puisse desservir les regroupements de leur communauté hors de leur territoire respectif.

En dehors de la région de Montréal, il existe onze autres CSS répartis régionalement auxquels s'en ajoutent trois pour la région du Grand Nord. Ces établissements font partie du réseau des affaires sociales qui en compte plus de 800. Ils sont regroupés par catégories : les centres hospitaliers, les centres d'accueil, les centres locaux de services communautaires et les centres de services sociaux proprement dits.

Les CSS offrent gratuitement des services aux personnes éprouvant « des besoins vitaux d'adaptation ou de protection ». Le travail des CSS s'articule autour de quatre grands axes : 1) la protection de la jeunesse ; 2) la protection des adultes et des personnes âgées ; 3) les services sociaux institutionnels ; 4) le réseau des ressources légères (ex : foyer de protection sociale).

Ils doivent aussi faciliter par tous les moyens possibles l'exécution des mesures volontaires recommandées par le directeur de la protection de la jeunesse.

Le directeur de la protection de la jeunesse (DPJ)

Même s'il fait partie intégrante d'un CSS, le directeur de la protection de la jeunesse constitue en lui-même une entité, certes personnalisée, qui mérite d'être étudiée distinctivement, en raison de l'importance que la *Loi sur la protection de la jeunesse* lui accorde.

La *Loi sur la protection de la jeunesse* rattache un directeur à chaque Centre des services sociaux du Québec. Il y a donc au moins quatorze directeurs de la protection de la jeunesse au Québec, à qui la Loi confère la responsabilité en première ligne de tous les cas d'enfants dont la sécurité ou le développement est compromis.

Le directeur de la protection de la jeunesse voit aux « mesures d'urgence » et aux « mesures volontaires » à prendre ; c'est lui également qui veille à l'exécution des mesures ordonnées par le Tribunal de la jeunesse. En somme, le DPJ occupe officiellement un rôle majeur dans l'accomplissement de la protection des mineurs au Québec.

Précisons cependant que ce sont souvent des délégués du directeur qui agissent à sa place, compte tenu du nombre et de l'importance des tâches qu'il doit accomplir. C'est pourquoi, lorsqu'il est question du DPJ, on parle souvent de la Direction de la protection de la jeunesse. On se trouve alors à faire référence à l'infrastructure composée à la fois du directeur et de ses délégués.

Le Comité de la protection de la jeunesse (CPJ)

Le Comité de la protection de la jeunesse, constitué par la Loi 24, est composé de quatorze membres dont les fonctions et les devoirs sont de plusieurs ordres. Par la *Loi sur la protection de la jeunesse*, le CPJ devenait une sorte d'ombudsman des droits de l'enfant, puisqu'on lui confiait alors un pouvoir de surveillance et de contrôle systématique sur tous les cas de mauvais traitements et d'abus sexuel, de même qu'un pouvoir d'enquête auprès des personnes ou des organismes ayant lésé les droits d'un enfant.

Par ailleurs, le CPJ joue un rôle particulier en matière d'information, de prévention et de liaison avec les organismes du milieu. Enfin, il a le pouvoir de faire des recommandations auprès des ministres de la Justice et des Affaires sociales.

Comme nous venons de le démontrer, le Comité de protection de la jeunesse joue lui aussi un rôle majeur dans la protection des enfants au Québec. Nous devons toutefois ajouter que, depuis la période étudiée (principalement jusqu'en 1984), le rôle du Comité a changé.

VUE D'ENSEMBLE

Présentement, au Québec, il existe deux lois qui régissent l'intervention en matière de protection des jeunes. Ces lois, dont l'une a trait aux services de santé et services sociaux, et l'autre à la protection de la jeunesse, sont l'aboutissement d'un important mouvement en faveur de la protection des jeunes.

Nous avons pu voir que ce mouvement a entraîné un accroissement des interventions de l'État québécois relativement aux services sociaux et à la protection des mineurs. Cette action s'est manifestée à la fois par l'élaboration, sur une base croissante, de mécanismes de consultation, de projets de loi, par la création de commissions parlementaires et par l'adoption de lois conférant à l'État québécois une juridiction élargie dans le domaine. De plus, les budgets consacrés au chapitre de l'intervention étatique ont augmenté considérablement depuis le début du siècle.

Au cours de cette évolution, on a pu constater le passage d'une attitude de type «pénologie préventive» à l'endroit des jeunes jugés en difficulté, à une autre de type «protection». Toutefois, il se dégage des récents travaux de la Commission parlementaire sur la protection de la jeunesse que l'idéologie de protection est en perte de vitesse, du moins en ce qui a trait à la protection des mineurs impliqués dans des délits criminels. Le courant de protection qui avait atteint son paroxysme lors de l'adoption de la *Loi sur la protection de la jeunesse* a été remis en question par les auteurs du Rapport Charbonneau (1982). L'avènement d'un mouvement prônant le retour à une sorte de judiciarisation a semblé se manifester. D'ailleurs, les recommandations du Rapport, concernant les abus sexuels, allaient dans le sens d'une judiciarisation des abus sexuels d'enfants ne se rapportant pas à des rapports sexuels avec des parents.

Cette oscillation, ou ce mouvement d'alternance entre l'approche judiciaire et l'approche de type «service social», figure parmi les aspects dominants du discours sur l'intervention auprès des mineurs.

Toutefois, au cours des dernières décennies, et principalement durant la période que nous avons étudiée, c'est l'approche de type service social qui a prévalu. Cette approche a surtout été mise en avant par des professionnels des écoles de service social ainsi que par différents diplômés dans les secteurs des sciences sociales et humaines. Ces derniers ont prôné la réforme quasi totale des interventions étatiques en rapport avec la protection des jeunes.

Une structure d'intervention très complexe en a résulté. Nous avons présenté succinctement les principales entités structurelles mises en place pour donner forme à de nouvelles actions étatiques dans une perspective de protection de la jeunesse. Ces entités officielles occupent un rôle privilégié dans la définition des abus sexuels au Québec. C'est toutefois par le truchement des agents qui seront chargés concrètement de mettre en application les lois s'y rapportant que le processus définitionnel de l'abus sexuel va s'accomplir.

Chapitre 2

Le contexte d'intervention bureaucratique ⸻

L e contexte d'intervention bureaucratique réfère à de nombreux aspects abordés par les intervenants pour décrire leur cadre de travail.

Ce contexte ou plutôt cette structure d'intervention doit être saisie non seulement par rapport à son caractère pseudo-objectif, mais principalement en fonction de l'interprétation qui en est faite ; en d'autres termes, l'analyse des différents rouages de cette structure serait tout à fait limitée sans une analyse des conceptions et des représentations que s'en font les personnes qui, tout en y travaillant et en s'y référant, contribuent à lui donner forme.

Toutefois, les données qui émanent de nos entrevues nous conduisent à considérer également l'existence de caractéristiques inhérentes à la structure. Tout en étant soumises à l'interprétation et aux conceptions des intervenants, ces caractéristiques structurelles comportent un aspect contraignant, ce qui leur confère un sens actif en soi. On peut concevoir certaines d'entre elles comme étant à la limite de ce que nous pourrions appeler une réalité objective.

Cependant, ces caractéristiques sont loin d'être celles qui émergent à première vue des documents ou discours officiels qui soutiennent la pertinence de la structure et en posent les différentes facettes ; c'est à travers un examen approfondi des modalités prévues, des références effectuées, des principes défendus et de leur application en général au sein de la structure qu'elles se révèlent. Ces caractéristiques structurelles constituent des éléments de base de notre analyse ; une fois posées, nous pourrons en mesurer l'impact. Il en ira de même des représentations qu'entretiennent les intervenants rencontrés au sujet de leur cadre de travail.

Essentiellement, nous posons comme spécifiques à la structure d'intervention étudiée les éléments suivants : 1) la multiplicité des renvois (opérations de référence d'une étape à une autre et d'un professionnel à un autre) ; 2) la compartimentation des fonctions ; 3) la captivité des cas. Cette structure doit aussi être considérée comme le véhicule privilégié d'une idéologie de protection qui contribue fortement à créer et à maintenir des illusions quant aux capacités réelles de la structure d'intervention à protéger les enfants.

Malgré la conscience que les intervenants peuvent avoir des vices ou des effets pervers de ladite structure d'intervention, ils adhèrent à cette idéologie de protection.

LES REPRÉSENTATIONS DE LA STRUCTURE D'INTERVENTION

Selon plusieurs des intervenants rencontrés, la structure d'intervention comporte des lacunes énormes, si bien que la plupart témoignent d'une vision négative lorsque leur discours tend à s'y rapporter. Pour les intervenants qui n'occupent pas un poste de cadre, cette vision négative prend des proportions considérables, et ce, principalement lorsqu'ils sont rattachés à des entités administratives incluant un grand nombre d'intervenants.

Les intervenants directs, qui n'occupent pas un poste administratif, décrivent la structure d'intervention selon les termes suivants : « système », « grosse machine », « bureaucratie ». Quant aux intervenants cadres, ils parlent de : « processus administratif », « politiques sociales », « réseaux ».

Selon leur façon de désigner la structure d'intervention et relativement à leur position hiérarchique, les intervenants manifestent des variations qui déjà soutiennent des interprétations différentes. Ceux qui travaillent dans des entités administratives de taille limitée (en matière de personnel) n'expriment pas avec autant de force une vision négative de la structure d'intervention. Voyons maintenant plus en détail comment s'articulent ces différentes variations dans les représentations.

Les intervenants directs
et les intervenants cadres (à Montréal)

Nous avons pu établir une distinction très nette entre le discours des intervenants directs et celui des intervenants cadres qui travaillent dans la région du Montréal métropolitain. Soulignons cependant que nos groupes de comparaison sont très limités. Deux administrateurs, parmi les trois que nous avons rencontrés, se sont exprimés ouvertement au sujet de leur cadre de travail.

Par contre, nous avons pu recueillir les propos d'une dizaine d'intervenants directs qui se référaient aux mêmes éléments en décrivant la structure d'intervention. Les cadres, de leur côté, se représentaient aussi la structure d'intervention à partir de points de référence communs qui différaient toutefois grandement de ceux des intervenants directs.

La différence de point de vue entre les deux groupes était si frappante que nous estimons, malgré la taille du second groupe de comparaison, que la position occupée par les intervenants peut être une source de variations importante quant aux représentations entretenues au sujet de la structure d'intervention.

Le point de vue des intervenants directs

Cinq thèmes importants reviennent dans l'ensemble des représentations des intervenants directs au sujet de la structure d'intervention :

1) la constance dans les changements opérés ;
2) un processus de prise de décision insaisissable ;
3) des visées gestionnelles et bureaucratiques ;
4) la multiplicité des rapports et des formulaires à remplir ;
5) l'isolement.

La constance dans les changements opérés

Depuis la mise en vigueur des lois les plus récentes ayant trait à la protection de la jeunesse et aux services sociaux du Québec, les intervenants ont eu à subir des changements considérables dans l'organisation de leur travail, en raison surtout de la création d'entités administratives d'envergure et de l'instauration de nouvelles mesures.

Un intervenant décrit les transformations qui en ont résulté en ces termes : «Les services sociaux sont passés de la vie de petite boutique au fonctionnement d'une grosse machine » (10 : 10)[6]. Il ne s'agit toutefois pas, d'après les personnes rencontrées, d'une restructuration de l'intervention liée strictement aux changements législatifs. Il est question en fait de réorganisation et de modifications sur une base régulière :

> Ça change tous les 4-5 ans. On passe de la centralisation à la décentralisation. (9 : 2)

> ... j'ai déjà entendu dire que de la centralisation, on passe à la décentralisation ; de la spécialisation, à la déspécialisation à tous les 4 ans. (14 : 30)

Pour la période au cours de laquelle nous avons réalisé les entrevues, ceux qui évoquent la question de la centralisation et de la décentralisation disent surtout travailler dans un contexte « décentralisé ». Cette étiquette générale apparemment consacrée est difficile à comprendre. Nous avons pu en saisir l'ambiguïté en apprenant que, même si le contexte de travail décrit semblait décentralisé, il nous était possible de saisir, par ailleurs, que de nombreux contrôles s'exerçaient au sein de la même unité administrative : la DPJ, où plusieurs informations et directives sont forcément centralisées. La loi indique clairement que tous les cas d'abus sexuel doivent être signalés à un bureau de la Direction de la protection de la jeunesse. Ainsi, un intervenant « Y » nous souligne qu'il faut quand même toujours fournir des rapports à la même entité administrative.

Ajoutons que cette Direction comporte un service de délégation et de révision des « cas » où « tous les cas » d'enfants maltraités doivent aboutir, soit à des fins de prise en charge par un bureau de service social (du secteur où réside l'enfant) soit à des fins de « révision »[7].

En fait, la DPJ semble jouer un rôle primordial puisqu'en fin de compte la responsabilité ultime de tous les signalements lui est dévolue. Même lorsqu'un « cas » est confié à un bureau de service social, il demeure sous la responsabilité « dépéjienne ».

De plus, pendant un certain temps, on devait aussi transmettre des rapports au Comité de la protection de la jeunesse qui était chargé de procéder à certaines vérifications selon un mandat légal modifié depuis.

---

6. Les chiffres qui apparaissent à la fin de chaque citation concernant le discours des personnes interviewées correspondent d'une part au numéro donné à chaque entretien, d'autre part à la page où se trouve cette citation dans la transcription des entretiens. Lorsque des mots sont mis entre parenthèses dans ces citations, il s'agit de précisions apportées par l'auteure afin d'éclairer la lecture du texte exprimé verbalement à l'origine.

7. Nous n'avons pas pu identifier précisément en quoi consiste cette révision. Selon les principes sous-jacents à la « Loi 24 », cette mesure de vérification semble avoir pour objet d'« assurer » que les enfants déclarés reçoivent des « services adéquats » dans un temps raisonnable.

Les changements, en plus d'être nombreux, seraient difficiles à comprendre selon plusieurs intervenants. L'un d'eux s'exprime ainsi : « Il n'y a plus rien à comprendre avec tous les changements » (5 : 6). Un autre intervenant parle du « système » pour désigner la structure et il précise : « C'est un système d'establishment où, un coup que t'es rentré, tu sais pas quand tu sors... Dans ce système, pour faire passer nos idées, ça prend 52 niveaux » (10 : 9).

Un processus de prise de décision insaisissable

Les intervenants formulent des critiques plus spécifiques à l'égard du processus de prise de décision qu'ils perçoivent comme « venant d'en haut ».

L'idée émise dans l'expression « les décisions viennent d'en haut » est illustrée plus concrètement par un intervenant qui a décidé de faire modifier l'approche auprès des enfants réputés victimes d'abus sexuel. Il nous fait part des nombreuses stratégies utilisées pour ce faire, dont l'accord et l'appui de plusieurs intervenants et personnes de prestige, l'organisation d'une journée d'étude, la production de rapports, l'envoi de plusieurs lettres à des personnes en autorité. Malgré ses stratégies, l'intervenant en question n'est pas convaincu qu'il parviendra à rejoindre la « Haute Direction ».

Pour un autre intervenant, la Direction est invisible dans les « services sociaux » : « Après avoir fait le tour du système une couple de fois... c'est mystère et boule de gomme lorsqu'on cherche à savoir qui prend vraiment les décisions » (10 : 12). Il nous entretient aussi sur ce qui s'est passé avant le début des changements majeurs. Selon lui, on a fait semblant de consulter les intervenants. La somme imposante de livres et de rapports que les personnes consultées devaient lire était décourageante. Il soutient que les décisions les plus fondamentales ont été prises sans que les intervenants aient pu avoir le temps de se prononcer. Il ne sait par ailleurs ni comment, ni par qui les décisions finales ont été prises.

En raison de cette confusion à l'égard du processus de prise de décision, nous avons demandé à des intervenants du Montréal métropolitain s'il était possible de consulter un organigramme décrivant les rôles hiérarchiques des membres. Les personnes en présence nous ont précisé que l'organigramme qu'ils avaient en leur possession était déjà désuet. Et l'un des intervenants d'ajouter « Si tu finis par comprendre quelque chose là-dedans, tu viendras nous l'expliquer » (7B : A). Cet incident nous permet d'illustrer à quel point le processus de prise de décision s'avère difficile à saisir pour certains intervenants.

Des visées gestionnelles et bureaucratiques

On réorganise non pas pour mieux servir les clients mais pour mieux servir les besoins administratifs sous le couvert qu'on veut donner de meilleurs services au public. (14 : 21)

L'intervenant qui tient ces propos estime que les campagnes de sensibilisation auprès du public tenues au cours des dernières années en matière de protection de la jeunesse, ont surtout permis de justifier la mise en branle d'une structure administrative. Voici ce qu'il en pense :

... Ils [les administrateurs] n'ont pas mis autant d'attention à préparer des professionnels qui auront à répondre aux situations qu'à faire une grosse publicité et à administrer.

Un autre intervenant nous fait part des directives administratives qui le contraignent à juger par téléphone de l'opportunité ou non de procéder à des placements en centre d'accueil. Cette situation, même si elle comporte de sérieux inconvénients, rendrait son travail plus efficace et permettrait de sauver temps et argent, selon des administrateurs :

... je vois jamais les filles, ça m'a vraiment étonnée... j'en place à l'année longue des filles, puis je ne les vois jamais. Une fois, je suis allé dîner dans un centre d'accueil juste par souci de connaître les filles, parce qu'ils [les administrateurs] veulent pas qu'on connaisse les filles. Avant, on avait la possibilité de rencontrer les filles, elles rencontraient les praticiens. Mais ça, c'est terminé. Ils ont décidé, les administrateurs, que c'était préférable pour faire une bonne job qu'on voit pas les filles ni les praticiens, que tout se fasse par téléphone selon une fiche standardisée pour tous les cas... Alors durant un dîner... je suis allée dans une unité de traitement à Notre-Dame-de-Laval... [centre d'accueil] je voyais devant moi défiler les « cas » pour lesquels j'avais pris des fiches de demandes d'admission, pour lesquels j'avais accepté des placements. Il y en a qui, lorsque je les ai vues devant moi, je me disais que l'avoir vu de « vizou » [de visu], j'aurais jamais placé cette fille-là dans un centre d'accueil... je les plaçais toujours sans les voir. De les voir, ça m'aurait permis d'avoir une meilleure discussion avec le praticien sur la pertinence d'un placement. Ils [les administrateurs] ont décidé que ce serait préférable que nous soyions dans un bureau au huitième étage, puis que nous recevions les demandes par téléphone. Ils ont étudié cela durant deux ans de temps... les seuls praticiens-ressources qui étaient en contact avec les bénéficiaires... ils nous ont rapatriés... dans des bureaux fermés pour que nous puissions répondre au maximum de demandes dans un délai le plus court possible. Ce sont les raisons qu'ils ont évoquées. (15 : 8-9)

Plusieurs intervenants directs font référence aux nombreuses technicalités bureaucratiques auxquelles ils sont soumis dans l'exercice de leur travail. Parmi eux, certains disent se percevoir maintenant comme des « techniciens qui remplissent des formulaires » :

Tout est défait, le ministère se fiche des services ; ce qu'ils cherchent, c'est des services à bon marché... On est en train de former des techniciens qui remplissent des formulaires. (5b : 2)

La multiplicité des rapports et des formulaires à remplir

La plupart des intervenants directs déplorent le nombre imposant de rapports et de formulaires qu'ils ont à remplir, en particulier la multiplicité des rapports à envoyer dans les cas d'inceste :

Ça finit plus, la bureaucratie. Si tu as un cas d'inceste, il faut que tu signales ça au Directeur de la protection de la jeunesse, au Comité de protection de la jeunesse. Ce sont tous des rapports qui faut qui partent. (15 : 36)

La DPJ, c'est un État dans l'État, une autre instance à qui il faut envoyer des rapports. (2 : 6)

L'isolement

C'est en relation avec les divers éléments évoqués plus haut que plusieurs intervenants, surtout dans la région de Montréal, en viennent à parler de perte de sentiment d'appartenance et d'isolement par rapport à leur travail. Les citations suivantes en témoignent :

Je trouve que de toujours changer comme ça, c'est le meilleur moyen d'être inefficace. Ça crée un engagement de moins en moins fort... C'est ce qu'on appelle le cancer des services sociaux, cette mentalité où il n'y a plus de place pour le dynamisme à cause de cette trop grande mouvance, ce peu d'attention à la personne, à l'intervenant et au client. (14 : 19-20)

Dans ce temps-là [avant les changements opérés], j'avais un sentiment d'appartenance, mon patron était très accessible. Lorsqu'il y avait de mauvaises nouvelles, tout le monde le savait. Maintenant, il n'y a plus aucun intérêt à échanger. (5F)

Plusieurs intervenants directs soulignent l'absence de communication dans l'exercice de leurs fonctions. Cette lacune leur apparaît reliée au cloisonnement entre les différentes fonctions occupées. Ils avouent que lorsqu'ils s'occupent d'un «cas», la plupart du temps ils ne savent pas exactement ce qu'il en adviendra par la suite. Bien souvent, ils n'en entendront plus parler. Les citations qui suivent en rendent compte :

Moi je travaille à l'évaluation, quand les cas sont rendus au niveau de la prise en charge, je ne sais pas ce qui se passe. (3 : 6)

Je ne pourrai pas ramasser ce qui risque de péter parce que ce n'est pas moi qui va donner suite après. Je sais qu'à l'accueil-évaluation, il va y avoir au moins deux autres personnes qui vont intervenir. (9 : 5)

Dans l'ensemble, les intervenants directs de la région de Montréal semblent dépassés et impuissants, voire ignorés au sein de la structure d'intervention. Ils manifestent surtout une vision négative lorsqu'ils en traitent. Diverses tâches dans le contexte bureaucratique actuel leur semblent ne pas correspondre à ce qu'ils souhaiteraient voir se produire en matière d'intervention.

Pourtant, la très grande majorité des intervenants directs (de la région du Montréal métropolitain) n'envisagent pas la possibilité de pouvoir modifier la structure actuelle, du moins dans son ensemble.

Les administrateurs : un autre son de cloche

Deux des trois personnes rencontrées qui occupaient un poste administratif ont tenu un langage différent à propos de la structure d'intervention. Pour l'une d'entre elles, c'est la difficulté à appliquer la Loi dans les délais prévus qui semble poser problème. Cet administrateur nous entretient surtout des limites de budgets et d'effectifs, et des difficultés qui en découlent quant au respect de certains délais :

> Alors, cette évaluation-là, normalement, je dis normalement, elle devrait durer quelque chose comme, quand tout va bien, quelque chose qui ne doit pas excéder des mois. C'est pas ce que la Loi dit, la Loi dit : « Tu dois évaluer dans 30 jours ouvrables ». Il y en a qui s'obstinent là-dessus. On devrait en principe, en un mois, pouvoir statuer, avoir écrit nos rapports, avoir fait ça ; mais c'est absolument impossible... À titre indicatif, seulement au moment où on se parle, il y a 365 cas en attente pour évaluation. Les cas qui nous ont été signalés au mois d'octobre, au mois de novembre, au mois de septembre, puis j'en ai probablement du mois d'août, puis probablement du mois de juin. (16 : 16-31-32) [8]

L'administrateur souligne aussi l'importance des mécanismes d'évaluation du rendement après nous avoir précisé que les intervenants n'ont pas tous la même ardeur au travail :

> ... Le facteur productivité, les gens n'en parlent pas de ça... mon patron me dit « Mais voyons ! Comment ça se fait que cette année vous avez sorti seulement douze cents [évaluations] ? » T'as quarante, non, trente évaluateurs ; en moyenne, ils devraient en faire au moins quinze cents par année... (16 : 44)

Un peu plus loin, s'attardant aux « choses administratives », notre interlocuteur parle de « choix administratifs », de « choix cliniques » et de « gouvernement » :

> Nous, la façon dont on est organisé à Montréal, on n'a pas une équipe de protection qui relève directement du directeur à cause de la grosseur de la

---

8. Cette entrevue a été réalisée au mois de décembre 1984.

boîte et des choix administratifs... Faut se placer dans le contexte où les décisions ont été prises. Moi, personnellement, dans l'idéal... [je crois que c'est] le moins qu'on devrait avoir éventuellement, et on s'en va vers ça, à Montréal... on comprend que c'est pas tout le monde qui peut recevoir des signalements, mais ça prend quelque chose de centralisé. Ça je pense que tout le monde est d'accord, pas seulement sur le plan administratif, sur le plan clinique aussi, que ce soit à peu près toujours les mêmes gens qui développent une expertise... C'est assez cocasse dans ce sens-là, c'est que, anciennement on avait ça, on a tout foutu par terre... (16 : 19-20)

Par contre, il estime que, malgré ce remue-ménage, il subsiste une certaine logique de fonctionnement :

Puis je pense que là, il y a une logique également, comme pour d'autres mesures. Pour les gens qui sont au gouvernement, c'est pas toujours très facile. Ça fait trente ans que je suis au gouvernement... (16 : 31-32)

Tentant de clarifier en quoi consiste la DPJ à Montréal, cet interlocuteur souligne que le fonctionnement de cette entité administrative est difficile à saisir :

Je comprends que, pour le commun des mortels, c'est pas facile à piger cette chose-là. Puis, il y a eu beaucoup de : « Pourquoi que ce serait pas complètement en dehors, pourquoi que ça relève pas du ministère de la Justice [au lieu du ministère des Affaires sociales] ? » (16 : 21)

De son côté, l'autre administrateur, dont les propos se démarquent aussi de ceux des intervenants directs, souligne sa participation active à des « groupes de pression ». Ces groupes jouent un rôle considérable, à son avis, dans l'élaboration des politiques gouvernementales. Tout comme l'autre intervenant cadre, il établit des liens entre la structure d'intervention et les politiques gouvernementales. Avec le recul, il se dit plus en mesure de comprendre ce qu'il appelle la « formulation d'une politique gouvernementale » :

Je peux revoir des pressions auxquelles, moi-même, je participais en 72 [9]. Je les revois dix ans après. J'ai un schéma différent, voir comment on se situait dans toute la formulation d'une politique gouvernementale, comment les groupes traduisent leurs intérêts autant que la réalité objective. (A : 3)

Selon lui, c'est le gouvernement qui tranche :

Le gouvernement qui est en haut fait le partage ; puis la compréhension qu'on a des problèmes, elle est sujette à des intérêts, des pressions, des forces en présence... (A : 5)

---

9. Notre interlocuteur fait ici référence à des groupes de pression en matière de protection de l'enfance au Québec.

Plus loin, il précise ce qu'il entend par l'élaboration de politiques à partir de la structure objective des problèmes :

> Tu regardes le problème, tu essaies de le comprendre par rapport à d'autres problèmes, et en conséquence, je dis, je vais l'organiser de cette façon-là. C'est ce que j'appelle essayer d'élaborer une politique à partir de la structure des problèmes. C'est pas comme ça que ça se fait, de façon générale, c'est pas comme ça. Chacun va regarder le problème, à mon avis, en fonction de ses intérêts. C'est légitime. Chacun regarde le problème qu'il a devant lui à partir des possibilités que ça lui donne... Puis il y a tendance à dire [...] dans la société, faut que la loi recouvre toutes les formes d'abus sexuel. On se trouve à consacrer à une législation la légitimité d'avoir des budgets. C'est ça qui devient intéressant. On peut se servir de la loi. Donc, il faudrait qu'il y ait de l'argent. Si je le définis autrement, ça marche plus. Je vais être obligé d'aller à d'autres portes. Alors, le point que je soulève est très simple et encore complexe, si on veut regarder comment conceptuellement les choses évoluent. Faut que tu regardes c'est qui les acteurs en présence et c'est quoi chaque fois que le gouvernement fait quelque chose, il y a toujours de multiples groupes qui tentent d'aller travailler à régler des problèmes, à se faire une place dans le réseau et d'en tirer des bénéfices... (A : 8-9)

Même dans un contexte où « l'élaboration des politiques » relèverait en bonne partie des intérêts des individus et des pressions exercées à l'endroit du gouvernement, il estime qu'il serait possible d'y travailler positivement :

> On laisse beaucoup de marge de manœuvre à ceux qui vont entrer en action après, mais cela entraîne une redéfinition du point de départ pour répartir après ça, plus loin ; pour préciser au fur et à mesure l'objet d'intervention parce qu'au fur et à mesure, l'objet se fait, se précise. Il y a un consensus social qui se bâtit de par la pratique même, de par la gestion, par la réaction à ce qui a été émis. On s'aperçoit qu'on avance, pour moi, je ne sais pas si je m'exprime clairement, ce que j'ai dit là est absolument indispensable si l'on veut comprendre pis travailler de façon un peu heureuse... Autrement, on est frustrés, on a l'impression que le gouvernement ne fait pas ce qu'il faut faire, qu'il agit mal, qu'il agit à tort. Ça, c'est parce qu'on a toujours un schéma rationnel qui est le nôtre. Par exemple, quel comportement devrait être exclu... quelle chose devrait être clairement définie comme étant répréhensible. Le gouvernement ne peut pas procéder comme ça. Il procède avec des choses qui se précisent au fur et à mesure, autant par la pratique que par la pression, que par les considérations... Pis ce sont des choses qui sont continuellement en évolution. (A : 2)

Pour deux des personnes occupant un poste de cadre, les décisions concernant la structure d'intervention relèvent principalement du gouvernement. Ces décisions témoigneraient, d'après elles, d'une certaine logique.

Ces intervenants cadres ne décrivent pas la structure d'intervention en des termes particulièrement négatifs, malgré les problèmes qu'elle comporte.

Ils portent néanmoins de l'intérêt pour la situation actuelle et tentent aussi de démontrer qu'il existe une marge de manœuvre dans l'action des intervenants.

Ces assertions diffèrent sensiblement des représentations qui émanent des entrevues réalisées auprès des intervenants directs. Ces derniers ont témoigné avant tout d'une forme de passivité et du fait d'être dépassés par la situation lorsqu'ils nous ont fait part de leurs conceptions de la structure actuelle.

Lorsque le personnel est peu nombreux

Les intervenants rencontrés qui sont rattachés à des entités administratives moins volumineuses (en fait de quantité de personnel) se sont parfois exprimés positivement au sujet de la structure d'intervention. Par exemple, les intervenants travaillant en périphérie de l'Île de Montréal ont mentionné les aspects positifs que représentent pour eux le travail d'équipe et le travail de concertation. En outre, la communication entre les différents intervenants serait facilitée par leur proximité, cet aspect revêtant d'ailleurs une grande importance pour eux.

Il appert, de plus, qu'à l'échelle régionale les initiatives individuelles visant à transformer l'intervention sont envisageables, voire, dans un certain sens, encouragées par des supérieurs hiérarchiques. Un membre d'une équipe d'urgence (de nuit), au sein du centre des services sociaux du Montréal métropolitain, affirme justement que son contexte de travail (dans une équipe comprenant peu d'intervenants) lui permet une marge de manœuvre plus grande.

VUE D'ENSEMBLE

En somme, la perception de la structure d'intervention est différente selon la position occupée par l'intervenant au sein de cette structure et selon la taille de l'entité administrative à laquelle il appartient. Les personnes rencontrées qui occupent un poste administratif peuvent envisager l'amélioration de la structure ou, plutôt, la possibilité d'y travailler harmonieusement. Il en est de même pour les intervenants directs rattachés aux services les moins volumineux. Quant aux intervenants directs de la région de Montréal, ils manifestent avec force leur impuissance par rapport à la possibilité d'agir personnellement en vue de contrer certaines lacunes structurelles.

LE CHEMINEMENT DES PLAINTES

Dans cette partie du chapitre, nous avons regroupé certains éléments permettant de présenter une trajectoire type des signalements pour abus sexuel. Cette trajectoire type, ou ce cheminement officiel des plaintes, a été difficile à établir. D'ailleurs, sa présentation en demeurera incomplète.

Rares sont les intervenants qui se sont attardés à nous décrire ce qui devait se passer d'officiel après le dépôt d'une plainte. C'est en nous référant à diverses sources (rencontres informelles avec d'autres intervenants, textes de loi, formulaires à remplir) que nous sommes parvenue à pouvoir reconstituer partiellement un tableau général des directives officielles régissant le cheminement des plaintes pour abus sexuel. Cependant, des informations supplémentaires liées à l'application des directives officielles se sont dégagées de nos entrevues. Lorsqu'il sera question de la complexité de l'évaluation, des délais d'attente, du caractère urgent ou non des cas d'abus sexuel, nous nous référerons à ces informations.

Toutes ces données, même si elles n'ont pas exactement la même importance, seront traitées ensemble. Il s'agit là du seul moyen, pour nous, de saisir certaines modalités structurelles. De fait, la compréhension de ces modalités de fonctionnement ne peut se faire qu'à partir de la connaissance des directives officielles qui les régissent et de l'interprétation ou de l'application de ces directives. Nous retiendrons principalement les directives susceptibles de mettre en lumière notre compréhension des caractéristiques structurelles.

Le cheminement type et les entités administratives

À partir des entrevues réalisées et de certains documents officiels, nous avons pu retracer, pour la région de Montréal et durant la période étudiée, le cheminement type suivant pour les nouveaux cas [10] :

1) Réception du signalement par l'équipe de réception et traitement du signalement à la DPJ (Direction de la protection de la jeunesse).

2) Évaluation par une équipe de la DPJ (selon le territoire d'appartenance de l'enfant) ; ensuite, orientation et évaluation des cas.

3) Après évaluation, si le cas est jugé fondé, acheminement vers le service de délégation et révision qui l'enverra ensuite à l'accueil dans un Bureau de service social (BSS) situé dans le territoire d'appartenance de l'enfant.

---

10. Il est à noter qu'en principe, cette évaluation-orientation du signalement doit être « entérinée » par le directeur de la protection de la jeunesse (celui de la région où le signalement est reçu).

4) Référence du «cas» au chef d'équipe ou de division du BSS qui le confiera à un intervenant affecté à la prise en charge [11] (dans le BSS en question).

5) Choix du praticien par le BSS, puis envoi d'une «délégation personnalisée» à ce praticien par le service de délégation et révision.

6) De façon intermittente (3-6 mois), révision des «cas» par le service de délégation et révision.

De plus, les «cas signalés» à la DPJ doivent être transmis au Comité de la protection de la jeunesse (relevant du ministère de la Justice du Québec).

Par ailleurs, nous avons identifié en cours d'entrevue un autre organe de supervision, la Direction des bureaux des services sociaux (BSS) qui «contrôle toutes les entrées dans les équipes». Cette entité est qualifiée de «purement administrative» et les «cas d'abus sexuel» doivent y être enregistrés automatiquement.

C'est au cours d'un autre entretien que nous avons pu obtenir des informations au sujet des cas «déjà connus», c'est-à-dire ceux où un intervenant social est déjà «actif» dans la famille pour d'autres motifs que l'abus sexuel. Dans ces «cas», c'est l'intervenant déjà en poste et relevant d'un Bureau de service social, qui procédera à l'évaluation. L'intervenant en question devra rendre compte de son évaluation à la Direction de la protection de la jeunesse ainsi qu'au Comité de la protection de la jeunesse.

Nous devons ici rappeler le caractère limité des informations recueillies concernant des mécanismes officiels de renvoi (opérations de référence). Il s'est donc avéré difficile de reconstituer un cheminement type qui d'ailleurs ne ressortait que de façon fragmentée parmi les informations reçues. Malgré la complexité du processus ou des mécanismes structurels, nous pouvons au moins constater avec certitude que la structure d'intervention se caractérise d'abord par la multiplicité des renvois. Il ressort clairement qu'après le dépôt d'une plainte ou d'un signalement, un nombre imposant de personnes ou d'entités administratives doivent obligatoirement être informées et souvent chargées respectivement de jouer un rôle.

Pour approfondir la compréhension de cette structure d'intervention, nous nous attarderons à des éléments spécifiques reliés à la mise en application de certaines directives officielles.

---

11. La prise en charge consiste globalement dans le traitement psychosocial de l'enfant et de sa famille.

Une distribution plus spécifique des « cas »

Nos propos sur la distribution des cas seront également limités. Il nous aurait fallu, pour présenter un point de vue exhaustif, rencontrer des centaines d'intervenants, compte tenu de la multiplicité des entités administratives où les cas sont répartis et confiés à des intervenants spécifiques.

À ce sujet, nous avons recueilli le témoignage d'un intervenant qui a maintenant quitté ses fonctions. Il identifie, pour la seule région de Montréal, « 40 services » [12] auxquels correspondraient des politiques internes de fonctionnement différentes : « Oui, au CSSMM, t'as autant de politiques de distribution de cas que t'as de services. T'as quarante unités de service, t'as quarante politiques » (14 : 19).

Cet intervenant a tout de même une perception d'ensemble du mode de distribution des cas, du moins pour Montréal :

> ... ma perception c'est qu'on distribue les cas d'inceste au hasard... on regarde les dossiers des gens, puis on se dit bon ben là, faut distribuer ça, on va donner ça à celui-là, ça va paraître comme ça pour la majorité des gens, on a reconnu les compétences de certaines gens, « T'en a fait plus de cas d'inceste, on va t'en donner plus à toi... ». (14 : 29)

Cette distribution, effectuée au hasard et parfois en fonction des compétences de certains intervenants, est surtout reliée à la disponibilité de ces derniers :

> Mettons que... t'as 28 dossiers une journée, j'en ai 29. On va à notre réunion de services le matin, il y a tel, tel cas, ben toi tu vas prendre tel dossier, de telle sorte qu'à la prise en charge, on se ramasse avec une ribambelle de dossiers diversifiés. Y'en a qui ont tendance à être plus spécifiques, comme moi quand j'étais au BSS ... Je disais que j'étais plus habilité à travailler auprès de l'adolescent : 14-18 ans. D'autres disaient : « Moi j'aime mieux la petite enfance », d'autres aimaient mieux les préadolescents : 9-12 ans. Des fois le chef de division tentait de tenir compte de ton intérêt. Même si dans un cas il pouvait pas tenir compte de ton intérêt parce que les autres étaient surchargés, il peut (quand même) te donner le cas, il a un droit de gérance. C'est pour ça que la majorité des praticiens se ramassent avec une ribambelle de dossiers. (12 : 4)

Un autre intervenant, autrefois membre d'une équipe spécialisée et encore au service d'un BSS, déplore que l'on ne tienne plus vraiment compte de certaines compétences, mais précise tout de même que les cas d'abus sexuel sont parfois assignés à des personnes susceptibles de pouvoir « affronter ce genre de situation-là ».

---

12. Il ajoute, au moment où nous lui demandons de préciser ce qu'il entend par « services » : « Y'a un temps, on parlait de services... là, ça a tellement changé » (14 : 19).

Il reste que, dans une perspective d'ensemble, la structure d'intervention ne favorise pas la spécialisation ou la communication systématique de cas d'abus sexuel à des intervenants spécifiques. Le choix d'un intervenant pour traiter une plainte apparaît dépendre surtout de sa disponibilité au moment où arrive la plainte.

Des modalités d'évaluation complexes

Dès la formulation d'une plainte pour « abus », le processus d'évaluation s'amorce, parfois au téléphone :

> Oui, je vais te donner un exemple. Mettons tu as une voisine qui appelle pis qui dit : « C'est un enfant qui est négligé, la mère ne le fait pas suivre », etc. Eux autres, ils vont prendre l'adresse, ils vont avoir la DSH [13], le CLSC [14], puis ils vont appeler puis ils vont demander si cet enfant-là a un dossier médical. (B : 13)

Cette première évaluation permet de conserver ou de rejeter le signalement. Dans le premier cas, une évaluation plus en profondeur doit suivre. Une autre citation permet d'en figurer la complexité :

> Ce que l'on va essayer de faire, c'est d'évaluer la portée des gestes qui ont été posés à l'égard de la fille. Essayer de faire préciser le plus possible, le plus concrètement possible. Que ce soit pas juste des : « Bon ! Y pense que, il a voulu faire çà », ça va [plutôt] être [des questions qui concernent] des gestes très précis : « Est-ce qu'il t'a déjà touchée ? Est-ce qu'il y a eu des attouchements ? Des avances faites ? Est-ce qu'il y a eu déjà une pénétration ? » Des choses très précises... Donc, on va interviewer toutes les personnes qui sont susceptibles de nous apporter des éléments. Et nous allons aussi questionner le milieu, le milieu scolaire par exemple. Nous allons questionner le milieu médical, s'il a déjà eu des examens médicaux qui ont été faits. Souvent on va faire passer un test psychologique pour voir c'est quoi les problèmes qui sont suscités... (5 : 7-8)

En nous rapportant aux propos des intervenants qui procèdent à ces évaluations, nous constatons qu'elles sont pénibles à mener. Le plus souvent, la raison évoquée a trait aux difficultés éprouvées, semble-t-il, à faire parler les présumés abuseurs. Ainsi, dans certaines situations qu'on nous a décrites, des intervenants auraient « provoqué » des aveux. Voici un exemple des techniques alors utilisées pour faire avouer les personnes suspectes :

> Lui, pour lui faire admettre qu'il avait fait quelque chose, il fallait agir avec beaucoup d'astuces, même inventer des scènes où il y avait possiblement un témoin pour lui faire admettre ce qui s'était passé. (4 : 17)

---

13. Direction des services hospitaliers.
14. Centre local de services communautaires.

Tous estiment que ça prend du « doigté » et de l'expérience ; parfois, on a même recours à une certaine violence :

> Il faut les faire parler, en termes de moyens. Il faut leur faire préciser le comment aux yeux de tous. Là, notre art entre en ligne de compte. Il faut savoir utiliser nos stratégies. Savoir reconnaître nos limites. Ça contredit tellement à des valeurs [l'inceste]... (18 : 10)

> Notre objectif au bout de la journée, c'est d'avoir l'aveu du père et puis d'avoir les signatures des mesures volontaires si on juge qu'il est suffisamment reconnaissant des faits. (12 : 11)

> Il ne faut pas être très insécure, la famille est fermée. Il faut que tu arrives à faire pomper le monde jusqu'à l'éclatement. (7 : 7)

Ajoutons qu'en plus de la complexité de ces mécanismes d'évaluation, de la somme de temps consacré en raison du nombre de personnes à rencontrer et des stratégies souvent utilisées pour faire avouer, un signalement dont on a pris connaissance à propos d'un enfant mènera souvent à l'identification d'autres enfants dans la même situation :

> ... de plus en plus complexes. Il y a un enfant qui nous est signalé mais lorsqu'on rentre dans les familles, t'avais un enfant. Puis tu t'aperçois qu'il y en a deux, puis trois, quatre dans la même famille. (16 : 16)

Les délais et les listes d'attente

Lorsque nous prenons conscience du nombre imposant de personnes susceptibles d'intervenir à la suite d'un signalement et de la complexité de l'évaluation, il n'est pas étonnant d'entendre parler de la longueur des délais dans cette évaluation :

> ... je sais que le jour, à l'évaluation-orientation et ensuite à la prise en charge, qu'il va y avoir au moins deux autres personnes qui risquent d'intervenir pour l'évaluation ; peut-être pour un mois, deux mois, trois mois. C'est long, le temps pour évaluation avec la famille, identifier le problème tel qu'il est ; puis de proposer des mesures volontaires, temporaires qu'on appelle, puis après, le cas peut être retenu à la prise en charge et gardé pour six mois ou un an. (9 : 6)

À titre d'exemple, un interlocuteur nous révèle, à propos de l'évaluation et de l'orientation des signalements, que les délais ont une durée moyenne de deux ans, et ce, dans la mesure où des entraves majeures ne se sont pas produites : « ... du signalement jusqu'à sa conclusion, je mets en moyenne deux ans... Ça, c'est quand il n'y a pas eu de pépins majeurs ». (16 : 44)

Un autre intervenant, tout en mentionnant des délais plus courts, en déplore la longueur en ces termes :

> C'est comme si on levait la couverte, hop ! l'inceste. O.K. vous acceptez de l'aide, shlink ! On baisse la couverte, y se passe quoi ? À cause des listes

d'attente, dans la pratique, des fois la prise en charge a pris deux mois, quatre mois après l'éclatement. Ça, ça frôle l'indécence.

Le CPJ, chargé d'effectuer des recherches sur différents aspects de l'intervention, a réalisé une étude dont l'un des chapitres est consacré à « la décision du DPJ concernant l'orientation des enfants victimes d'abus sexuel ». Voyons ce qu'il en est, pour « 445 cas d'enfants », des délais d'attente après les signalements :

> La majorité des cas signalés sont rencontrés en dedans de 7 jours : 60 %, dont 38 % n'ont connu aucun délai dans l'accueil, étant rencontrés le jour même de leur signalement ;

> 40 % ont attendu plus longtemps : 20 % entre 8 et 30 jours, 11 % entre 1 et 3 mois, et 9 % plus de 3 mois dont 4 % entre 6 et 12 mois et 1 % (4 enfants) pendant plus d'un an ;

> dans l'ensemble, le délai moyen d'attente pour une première rencontre est de cinq semaines. (CPJ, 1984, p. 37)

On peut voir qu'il existe un certain décalage entre ce tableau et celui, plus dramatique, qui ressort de certains de nos témoignages. Nous ne pouvons pas avancer avec certitude que l'ordre de grandeur des délais subis après les signalements, rapporté dans ces statistiques, corresponde davantage à la réalité que celui relevé dans les propos des intervenants rencontrés. Il n'en demeure pas moins que dans les deux versions, les délais prennent souvent des proportions considérables. Il nous apparaît donc opportun, à ce moment-ci, de présenter le dilemme abordé par nos interlocuteurs quant au caractère « d'urgence » des cas d'abus sexuel.

Les cas d'abus sexuel sont-ils des cas d'urgence ?

Sur le plan de l'évaluation, certains entretiens ont fait ressortir la nécessité, pour les intervenants, de faire admettre aux adultes en cause que des gestes d'« abus sexuel » avaient été posés. Or, d'après le libellé de certains articles du texte de la *Loi sur la protection de la jeunesse* [15], nous constatons que les personnes chargées d'appliquer la loi ont officiellement à démontrer [16], dans l'évaluation, que la sécurité ou le développement de

---

15. Puisque nous avons réalisé cette étude avant la mise en application des amendements récents (1984) à la Loi, nous nous référerons aux libellés des articles ayant cours avant l'entrée en vigueur de ces changements mineurs.

16. Cette expression doit être prise dans son sens large. De fait, les intervenants ne sont pas astreints à des règles de preuve comme c'est le cas pour le *Code criminel*. C'est ce qu'on appelle souvent le « rapport d'évaluation psychosociale » qui visera à déterminer si la sécurité ou le développement de l'enfant est compromis.

l'enfant est compromis. Ainsi, avant la mise en application des amendements à la Loi, c'est l'article 38f) de cette loi qui s'appliquait. Cet article se lisait comme suit : « Aux fins de la présente loi, la sécurité ou le développement d'un enfant est considéré comme compromis si : f) il est victime d'abus sexuel ou est soumis à des mauvais traitements physiques par suite d'excès ou de négligence. »

Concernant l'orientation « des cas », deux voies bien distinctes étaient prévues légalement : l'une préconisait des « mesures d'urgence » et l'autre, principalement, des « mesures volontaires ». Voici en substance ce qu'indiquaient sur les mesures d'urgence certains articles du texte de la loi : « Dès qu'il est saisi de la situation de l'enfant, le directeur [17] procède à une analyse sommaire et détermine si une intervention immédiate s'impose » (article 4). En vertu de l'article 46, le directeur pouvait alors appliquer provisoirement des mesures d'urgence (pour les cas dits de « protection ») exigeant le retrait immédiat de l'enfant de son milieu pour le confier « sans délai à un centre d'accueil, [à une] famille d'accueil, ou à un organisme particulier ». Au sujet des mesures volontaires, voilà ce qui était inscrit :

> Une fois complétée l'analyse de la situation de l'enfant et de sa famille, le directeur détermine si la sécurité ou le développement de l'enfant est compromis... (partie principale de l'article 49).

[Ensuite :]

> Si le directeur est d'avis que la sécurité ou le développement de l'enfant est compromis, il décide de l'orientation de l'enfant... À cette fin, il prend en charge et peut voir à l'application des mesures volontaires énumérées à l'article 54 (partie principale de l'article 51).

> Lorsque la décision sur l'orientation de l'enfant implique l'application de mesures volontaires, le directeur communique avec les parents dans le but d'en venir à une entente avec eux sur les mesures les plus appropriées (partie principale de l'article 53).

À l'article 54, on énumère les diverses possibilités de mesures volontaires. Retenons ici celles qui se rapportent aux cas de protection :

> À titre de mesures volontaires, le directeur peut recommander :
>
> a) que l'enfant soit maintenu dans son milieu familial et que les parents fassent rapport périodiquement sur les mesures qu'ils appliquent à eux-mêmes ou à leur enfant pour corriger la situation antérieure ;
>
> b) que certaines personnes s'abstiennent d'entrer en contact avec l'enfant ;
>
> c) que l'enfant soit confié à d'autres personnes ;

---

17. Dans la pratique, on nous confia qu'il pouvait s'agir de son délégué. Toutefois, le directeur aurait entériné la décision prise.

d) qu'une personne œuvrant au sein d'un établissement ou d'un organisme apporte aide, conseil ou assistance à l'enfant et à sa famille ;

e) que l'enfant soit confié à un centre hospitalier, à un centre local de services communautaires ou à un organisme pour qu'il y reçoive les soins et l'aide dont il a besoin ;

f) que l'enfant ou ses parents se présentent à intervalles réguliers chez le directeur pour lui faire part de l'évolution de la situation ;

g) que l'enfant reçoive certains services de santé ;

h) que l'enfant soit confié pour une période déterminée à un centre d'accueil ou à une famille d'accueil choisi par le centre de services sociaux (partie principale de l'article 54)...

Pour les deux types de mesures préconisées, des modalités assez précises furent prévues, incluant des limites de temps en cas de non-consentement de la part des parents ou de l'enfant (s'il est âgé de plus de quatorze ans).

Il est d'abord formulé, au sujet des mesures d'urgence : « Si les parents ou l'enfant s'opposent à l'application des mesures d'urgence, le directeur peut les y contraindre. » Toutefois, ces mesures ne peuvent être appliquées que pour « vingt-quatre heures sans obtenir une ordonnance du tribunal à cet effet », l'ordonnance même ne pouvant avoir « d'effet que pour une durée supérieure à cinq jours ouvrables » (à l'article 4).

En ce qui a trait aux mesures volontaires, le texte de la Loi précise que le directeur a l'obligation d'informer les parents et l'enfant (s'il est âgé de plus de quatorze ans) de leur droit à les refuser : « Dans un tel cas, il doit informer l'enfant et ses parents de leur droit de refuser l'application de ces mesures » (dernière partie du dernier paragraphe de l'article 51).

Là encore, s'il n'y a pas d'entente possible dans un délai assez court, voici ce qui est prévu selon la Loi :

Si aucune entente n'est intervenue dans les vingt jours, l'article 60 s'applique (article 53). Toute décision concernant l'orientation d'un enfant est prise conjointement par le directeur et une personne désignée par le ministre de la Justice...

b) lorsque les parents de l'enfant ou celui-ci s'il est âgé de quatorze ans ou plus, ne sont pas d'accord sur les mesures volontaires proposées (article 60, paragraphe 1 et alinéa b)...

[Dans ce cas :]

... Le directeur et la personne désignée par le ministre de la Justice décident :

a) de confier l'enfant au directeur pour l'application des mesures volontaires ;

b) de saisir le tribunal du cas ou ;

c) de fermer le dossier (partie principale de l'article 61).

À la lumière de nos recherches, il ressort globalement que les cas d'abus sexuel ne sont pas souvent considérés comme des cas d'urgence. Force nous a été de le constater en raison de la longueur des délais occasionnés par l'évaluation, dépassant visiblement celle prévue dans le cadre de la loi. Nous avons pu déceler chez les intervenants rencontrés une volonté assez forte, dans certains cas, de faire admettre aux parents l'existence des abus sexuels. À cet effet, nous nous sommes longuement interrogée sur la question suivante : Pourquoi l'aveu difficile et ardu revêt-il tant d'importance alors qu'en vertu du texte de loi, il n'est pas nécessaire que soit établie la culpabilité de l'adulte réputé abuseur, la sécurité ou le développement de l'enfant étant les seuls éléments à considérer dans la décision d'intervention ? La seule raison que nous avons pu trouver pour expliquer cette tendance a trait à la nécessité du consentement des parents pour la prise de mesures volontaires. Une telle démarche a certes pour effet de prolonger le processus.

Dans un autre ordre d'idées, nous devons souligner à quel point les intervenants se révèlent tiraillés et confus au sujet de la question de savoir si les « cas d'abus sexuel » peuvent ou non être classés comme des « cas d'urgence ». La citation suivante en témoigne :

> Quand je dis que c'est pas des urgences, on leur accorde priorité. Il y a une tension dans la famille, qui est surtout vécue par l'adolescente qui la manifeste à quelqu'un. Elle sait que quelqu'un va l'appeler à un moment donné. Elle sait pas quand puis à quel moment donc, c'est une priorité sans que ce soit nécessairement urgence. (3 : 1)

Un interlocuteur très au fait de la « lourdeur de la machine administrative », plutôt que de s'exprimer sur « l'urgence » comme telle, nous parle d'une désignation de « code I » pour les cas urgents. Lorsque nous demandons si les cas d'abus sexuel peuvent être considérés comme des « code I », il répond que l'âge de l'enfant est un critère important, mais que d'autres facteurs entrent en jeu. Il ajoute que, selon lui, quel que soit le caractère d'urgence des cas, ceux-ci se détériorent à la longue, de toute façon :

> Bien sûr, bien sûr [au sujet des cas d'abus sexuel jugés comme cas d'urgence]. L'enfant qui est complètement mis dehors dans la vie... Nous avons des signalements pour des enfants qui ne sont pas battus, qui sont pas abusés sexuellement mais où il y a personne qui s'en occupe... Alors, tu as différentes choses, c'est que habituellement les codes I touchent les jeunes enfants. Grosso modo, ça peut arriver qu'on ait un adolescent, ça va être un code I. Il faut alors qu'on fasse quelque chose aujourd'hui, pas demain, pas lundi, tout de suite. Après ça, tu as le code II, normalement, ça c'est le lendemain, tu penses que tu peux attendre jusqu'au lendemain. On prend des chances des fois. Il y en a qui ont le scandale très très facile, mais nous autres, je sais bien qu'on se fait engueuler régulièrement par les services sociaux. Alors, il faut être coriace, il faut parfois être très sensible à ça mais parfois, il faut se faire une carapace.

> Sans cela, tu ne résistes pas, tu peux pas résister longtemps, je dis ça comme si je disais le fleuve Saint-Laurent coule pas loin d'ici. Quand il y a 365 enfants en attente ça m'inquiète beaucoup. Ils sont en attente d'évaluation. Donc, il y avait matière pour aller évaluer quelque chose. Il y a des enfants négligés là-dedans. Ça, c'est toujours une boîte à surprises. Alors, ils sont en code III eux autres, t'es supposé aller dans les 15 jours, mais on a tellement de codes I… alors ce qui nous apparaissait des codes III il y a un mois et demi, probablement que s'ils nous rebondissaient aujourd'hui, ils deviendraient des codes I. (16 : 35)

Il ne fait pas de doute que les cas d'abus sexuel sont loin d'être traités rapidement, si nous nous référons aux témoignages recueillis sur leur « caractère d'urgence ». Il faut relever aussi que, au cours de l'attente ou du délai subis, de tels cas peuvent se détériorer et demeurent, pendant ce temps, des cas actifs au sein de la structure d'intervention. Cette captivité des cas, résultant des délais occasionnés par les mécanismes d'évaluation et de prise en charge, nous apparaît un point fondamental à considérer dans l'analyse de la structure d'intervention et des possibilités réelles de protection des enfants désignés comme étant victimes d'abus sexuel.

LA STRUCTURE D'INTERVENTION BUREAUCRATIQUE : SON IMPACT

Les données émanant de nos entrevues et de nos documents de référence nous permettent maintenant de situer les points les plus marquants de notre analyse de la structure d'intervention.

Trois caractéristiques : la multiplicité des renvois, la compartimentation des fonctions et l'engorgement des cas

Le cheminement des plaintes, selon les directives officielles présentées en entrevue, de même que divers éléments de compréhension des modalités structurelles et de leur application nous ont amenée à dégager trois grandes caractéristiques structurelles par rapport à l'évolution des cas.

Il apparaît d'abord, comme nous l'avons déjà souligné, que le fonctionnement structurel oblige les intervenants à effectuer des **renvois multiples**. Ainsi, ils doivent référer des situations-problèmes à plusieurs autres intervenants attachés à diverses entités administratives, que ce soit à des fins d'évaluation, de prise en charge ou de contrôle à l'intérieur de la structure d'intervention. Ils sont par conséquent mandatés pour des fonctions précises. Il existe donc une **compartimentation des fonctions**, car les « cas » leur sont assignés selon leurs fonctions et selon leurs intérêts ou leurs champs de spécialisation. Ainsi, à Montréal principalement, les intervenants, en plus de travailler de façon compartimentée — leur intervention s'avérant limitée au cours du cheminement d'un cas —, peuvent difficilement se spécialiser pour un type de cas en particulier. Enfin, soulignons que les renvois multiples et la compartimentation des fonctions provoquent des délais considérables, à partir du moment où une plainte est logée jusqu'au moment où survient la prise en charge. Nous concluons qu'il en résulte, au sein de la structure d'intervention, une forme de **captivité ou d'engorgement des « cas »**.

Le syllogisme possible à partir de ces trois caractéristiques — multiplicité des renvois, compartimentation des fonctions et captivité des cas — pourrait s'établir ainsi : la première caractéristique serait la proposition majeure et la deuxième, la mineure ; des deux (la première par l'intermédiaire de la mineure), découlerait la troisième.

En plus de ces caractéristiques, il nous faut mentionner le fait que la structure d'intervention continue de représenter pour les intervenants un idéal de protection en regard du travail qui est le leur : celui de la protection de la jeunesse. Cet idéal de protection, nous l'inscrirons comme un point de vue essentiel dans la compréhension des rapports entre intervenants et structure d'intervention.

Le véhicule par excellence d'un idéal de protection

L'idéal (ou la perspective) présenté, affiché et qui ressort avec le plus d'évidence dans tous les écrits relatifs aux « abus sexuels » d'enfants, est d'abord et avant tout celui de la **protection de l'enfant**. Cet idéal exprimé, cette volonté de protéger l'enfant permet, de façon évidente, aux personnes interviewées de réduire et de surpasser les contradictions les plus fortes qu'elles ont manifestées en cours d'entrevue.

La structure d'intervention, telle qu'elle est conçue, se présente comme le véhicule par excellence de cet idéal de protection. Elle préconise de « protéger les enfants », de « leur donner des droits », de « leur offrir soutien et protection », de « voir à ce qu'ils soient protégés ». Il ne fait aucun doute que, d'un point de vue quantitatif, c'est le terme « protection » qui domine le discours rattaché à l'abus sexuel. La loi consacrant l'abus sexuel comme sujet précis et spécifique de droit porte couramment le nom de « Loi de protection ». Les « cas d'abus sexuel » sont aussi dits et appelés des « cas de protection » comme, d'ailleurs, les cas d'abus physique d'enfants. De plus, dès qu'une plainte est déposée, on doit immédiatement « présumer s'il y a nécessité de protection ». Des entités administratives chargées de la gestion des cas portent même dans leur désignation le terme de « protection ». Il y a les « directeurs de la protection de la jeunesse », voire un « Comité de la protection de la jeunesse ». La caution ultime, pour toute mesure à prendre, sera toujours celle consistant à protéger l'enfant.

Nous avançons que l'idéal de protection confère un sens « imaginé » à l'action. Il procède d'une synthèse utile et nécessaire au bon fonctionnement des pratiques au sein de l'organisation. De plus, il permet la réduction de champs de dissociation liés à l'impuissance ressentie principalement par rapport à la lourdeur de certains impératifs bureaucratiques en procurant des zones de liberté dans l'action. Qui oserait opposer, voire contester cet idéal de protection de la veuve et de l'orphelin ? Ou encore, qui accepterait de procéder à la réduction d'une si bonne intention ? L'idéal de protection est, de façon générale, le premier mécanisme d'occultation que nous avons repéré ayant pour fonction principale de légitimer les pratiques et, plus encore, d'assurer une forme d'appui inconditionnel à l'action.

Les abus sexuels d'enfants sont une source d'indignation pour la population en général. Bien que nous ne cherchions point dans notre étude à démontrer cette assertion, nous croyons pouvoir avancer que ce nouveau problème social suscite l'appui quasi inconditionnel du public en faveur des interventions étatiques sur cette question.

En ce sens, nous croyons que le problème de l'abus sexuel constitue à l'heure actuelle un terrain favorable à la légitimation des interventions étatiques, lesquelles seront plutôt idéalisées qu'examinées en fonction de leur sens ou de leur portée. La structure d'intervention est donc porteuse de l'idéologie de protection.

Chapitre 3

Les représentations de l'abus sexuel _____

E n général, parmi les éléments contenus dans le discours de différents intervenants sur le problème de l'abus sexuel (c'est-à-dire son ampleur, les personnes en cause et ses répercussions), on retrouve les mêmes idées, quelle que soit la fonction occupée par ces intervenants. De plus, ces représentations générales s'inscrivent directement dans les perspectives les plus répandues dans la documentation et les livres portant sur les abus sexuels. Voyons de plus près ce qui se dégage des grands travaux sur le sujet.

LE DISCOURS OFFICIEL SUR L'ABUS SEXUEL EN TANT QUE PROBLÈME SOCIAL _____

Dans les écrits les plus courants

Parallèlement à l'émergence du problème, on a assisté, au cours des dernières décennies, à la production d'un nombre considérable de travaux portant sur les abus sexuels. La plupart des études dans ce domaine peuvent davantage être posées comme des quasi-théories, quoiqu'elles ne comportent pas les éléments essentiels à la formulation de théories formelles, du moins dans la perspective de Glaser et Strauss (1967). Soulignons toutefois que certains auteurs ont pris soin de préciser l'aspect exploratoire de leurs travaux.

Dans les ouvrages de vulgarisation, par contre, la prétention à l'objectivité est évidente. Le même phénomène se produit, avec plus de force encore, dans les médias ; ainsi, dans les journaux et à la télévision, la tendance la plus marquée est la mise en relief des « histoires de cas ». De ces images dramatisées découleront des conclusions étriquées.

Pour les besoins de notre étude, nous avons pris connaissance d'une centaine de documents descriptifs. Nous avons d'abord répertorié des travaux scientifiques en vue de procéder à une analyse critique des typologies et courants thérapeutiques les plus populaires (Manseau, 1983). Nous avons ensuite assisté, en dirigeant notre attention sur les perspectives et les thèmes présentés, à un colloque international sur l'enfance maltraitée (Montréal, 1984), où plus d'une cinquantaine de communications portaient sur les abus sexuels. Par ailleurs, nous avons lu des articles récents publiés dans des revues populaires, américaines et canadiennes, puis écouté et visionné plus d'une dizaine d'émissions radiophoniques et télévisées dans les milieux tant francophone qu'anglophone, en plus de quelques films majeurs traitant du problème. Enfin, en ce qui concerne le Québec, nous avons étudié la majorité de la documentation produite et commentée, ainsi qu'un dossier de presse comprenant une vingtaine d'articles puisés surtout dans les grands journaux montréalais. Nous allons maintenant brosser un tableau général des données les plus courantes qui se trouvent dans les documents consultés. Pour ce faire, nous nous référerons surtout à des ouvrages dits scientifiques, dont les résultats principaux sont souvent repris dans les documents de vulgarisation.

Soulignons d'abord que, dans l'ensemble, il se dégage un certain consensus sur le phénomène d'augmentation des abus sexuels en Amérique du Nord. Nous avons même observé, de la part des auteurs, une certaine « fierté » à divulguer ces situations qualifiées de dramatiques. Il semble par ailleurs exister une confusion dans les différents ouvrages, quant à savoir si les abus sexuels représentent un nouveau problème social ou s'il s'agit plutôt d'une mise au jour de conflits existant déjà. La tendance la plus forte penche du côté de l'augmentation de ce type de violence. Certains auteurs avancent aussi que l'ampleur du problème est beaucoup plus grande que les statistiques ne l'indiquent. À cet égard, on relève le fait que les abus sexuels se produiraient dans tous les milieux sociaux et que le mouvement de dépistage tendrait à se répandre dans toutes les couches de la population.

Ajoutons qu'abus sexuel et inceste sont souvent confondus ; ainsi, dans plusieurs écrits, toute personne représentant une figure d'autorité et ayant quelque rapport dit sexuel avec un enfant est considérée comme vivant une relation incestueuse.

Généralement, les auteurs insistent pour que les révélations des enfants soient considérées comme vraies. Il est donc proposé que l'incidence du problème soit calculée à partir des révélations des enfants. Précisons toutefois que les estimations statistiques varient considérablement d'un auteur et d'une époque à l'autre. Ainsi, dans une étude réalisée en Suède en 1930, Weinberg estimait qu'il existait alors soixante-treize cas d'inceste par million d'habitants. Aux États-Unis, en 1975, Friedman, Kaplan et Sadoch affirmaient l'existence d'un cas par million d'habitants, alors qu'en 1981 Herman (1981) avance qu'une fille sur dix a été victime d'abus sexuel. Finkelhor (1979) estime de son côté qu'une fille sur cinq subit ce genre d'abus au cours de son enfance. Il est à noter que ces données ne sont pas comparables, compte tenu de la confusion qui règne entre abus sexuel et inceste. Ces estimations ne font que refléter cette ambiguïté et permettent de voir à quel point, selon l'époque, les régions ou encore la définition donnée au problème, les chiffres peuvent varier.

Dans l'ensemble de la documentation portant sur l'inceste, on décrit principalement le phénomène comme le symptôme d'une désorganisation familiale qui relèverait surtout d'une confusion des rôles familiaux, confusion souvent rattachée à la démission de la mère dans ses fonctions d'épouse. On évoque alors son refus des rapports sexuels avec son conjoint. On la décrit comme étant absente du foyer, travaillant à l'extérieur et fermant les yeux sur la dynamique incestueuse. Elle conférerait à sa fille le rôle qu'elle refuserait elle-même d'assumer. La fille, victime de l'abandon de sa mère, obtiendrait certaines gratifications affectives de la part du père en échange des rapports sexuels entretenus avec lui. Le père, de son côté, est présenté comme un être immature, souvent alcoolique et possédant de nombreux traits névrotiques. Dans plusieurs cas, l'aspect multigénérationnel de l'inceste est évoqué. Cette conception de la dynamique incestueuse père – fille, même si elle est remise en question dans certains écrits féministes, est la plus populaire et s'avère de loin celle qui revient le plus souvent dans le discours général entourant les abus sexuels à caractère incestueux.

La plupart des auteurs traitent des effets dévastateurs de l'inceste. Ces relations causeraient des torts considérables aux victimes, principalement sur le plan psychologique : anxiété, perte d'estime de soi, sentiment répété de victimisation et prostitution. Dans la majorité des travaux, on fournit des descriptions détaillées concernant ces conséquences néfastes et quasi irréparables.

Voyons maintenant quel lien existe entre ces données sur les abus sexuels et les perceptions des intervenants à l'égard du problème.

Du point de vue des intervenants : le même discours

Les intervenants sont unanimes pour reconnaître l'augmentation des abus sexuels et des signalements depuis quelques années. Il appert aussi que le fait, pour la société, d'avoir posé le problème de l'abus sexuel a contribué à identifier une « nouvelle réalité », ce qui n'a pas été sans provoquer un effet libérateur chez les intervenants. Ces situations problématiques, invisibles... autrefois, confèrent maintenant à l'action un sens fondamental chez les agents de protection. Certaines confidences en ce sens nous ont permis de constater que les abus sexuels dépistés se révèlent un motif primordial de protection. Autrefois, on refusait de voir les abus sexuels et aujourd'hui on se rend compte de l'aveuglement du passé à l'égard de cet objet. Deux citations, en ce sens, en témoignent :

> Je me suis mise à travailler dans ça. Je me disais, j'ai jamais eu d'affaires de même. Je les avais oubliées au fond de ma mémoire. (17 : 35)

> Avant, on voulait pas s'occuper de ces cas-là par malaise. (17 : 18)

La plupart des intervenants rencontrés font mention de l'importance des médias et des campagnes de sensibilisation de toutes sortes qui ont permis de rendre visibles les abus sexuels. Ils font référence à des documents qu'ils ont lus et plusieurs affirment avoir participé à des séances d'information. Selon eux, « l'information circule » :

> On essaie depuis quelques années, pour sortir les gens de leur isolement, d'utiliser l'expertise des groupes de travail autour de l'inceste. On est une dizaine maintenant autour de la prostitution et de l'exploitation sexuelle des jeunes... Alors c'est beaucoup plus dynamique, tu restes pas isolé, l'information circule. Les idées circulent. (11 : 20)

> Ce qui touche la jeunesse, à mon sens, suscite l'intérêt des médias, l'intérêt du public. Aussi on a mis davantage l'accent sur les abus sexuels... Il y a eu une petite foule de programmes de télévision. Ils ont fait une émission spéciale sur le sujet. Il y a une quantité d'exemples. Il y a eu des émissions de radio. (14 : 24)

> J'étais allé à l'époque au symposium enfance et sexualité en septembre 1979. (3 : 17)

Un intervenant va même jusqu'à tracer un portrait-robot de la situation à partir des documents qu'il a consultés :

> Quand tu as un peu de notions, si tu as déjà travaillé dans ces dossiers-là, tu te rends compte que les études là-dessus, sur l'inceste, les gens retiennent toujours ceci : les cadeaux du père, la sévérité de la mère puis l'agressivité de la mère dans une tentative pour la fille de détrôner la mère... La fille essaie de jouer le rôle de la mère. (15 : 23)

Au cours d'un entretien il est arrivé qu'un intervenant, décrivant les propriétés de l'inceste à partir d'un exemple présenté comme un cas faisant partie de sa clientèle, réalise à la fin de l'entretien qu'il se trompait. De fait, il a ajouté que ses propos ne concernaient pas un cas «réel» mais qu'ils se rapportaient à un film sur les abus sexuels qu'il avait vu la semaine précédente. Le film, que nous avons aussi visionné, est une production québécoise et s'inspire en bonne partie des études produites par le Comité de la protection de la jeunesse. Signalons que ledit Comité procède, entre autres choses, à un bilan des travaux américains les plus populaires dans le domaine.

Par ailleurs, lorsque les intervenants abordent l'ampleur du phénomène de l'abus sexuel dans une optique générale, ils soulignent que ces abus peuvent se produire dans tous les milieux sociaux. Cependant, lorsqu'ils parlent de cas spécifiques, ils font surtout référence à ce qu'ils appellent les «cas connus», c'est-à-dire les cas relevant de leurs pratiques, les enfants abusés sexuellement qui, souvent, ont déjà subi une forme d'intervention pour d'autres motifs.

Selon les intervenants, il faut aussi **croire les enfants** qui se disent abusés sexuellement. Trois d'entre eux nous ont tout de même fait part de l'existence de faux cas d'inceste. Ils considéraient ces situations comme des accidents de parcours, et ce, même si dans l'un de ces cas, le faux inceste était imputé à une forme de manipulation :

> Les gens sont sensibilisés. Ils ont le bon scénario. Il y a des adolescentes qui utilisent ce contenu-là. Elles ne sont pas bien à la maison. Elles peuvent utiliser ce motif-là pour être placées. Je ne peux pas dire que ça revient souvent, mais l'hiver dernier, j'ai été dans une situation où tout ce que la jeune fille disait était vrai. C'était quasiment la relation incestueuse parfaite. Je rencontre le père et la mère, une fois, deux fois, trois fois. C'était toujours la négation [...]. Puis quand je rentre dans leur lit [intimité], ça allait bien aussi. Même si toutes les coordonnées portent à croire que c'est cela. J'ai parlé et finalement je me suis dit que ça ne se pouvait pas [les abus sexuels] dans cette famille-là. J'ai vraiment cru l'adolescente. J'ai revisé mon opinion personnelle comme cela. Je m'étais fait avoir royalement. (3 : 13)

Pour traduire l'importance de la connotation incestueuse des abus sexuels dans le discours des intervenants, soulignons qu'en cours d'entrevue il s'est avéré exceptionnel qu'ils n'évoquent pas les deux notions dans leurs propos. L'élargissement de la notion d'inceste s'est aussi manifestée très clairement. Citons-en deux exemples :

> Parfois l'enfant est victime d'inceste dans une famille d'accueil évaluée par le CSS. (7 : 13)

> Mais aussi pour nous autres, le père substitut qui représente une image paternelle stable, s'il y a des contacts sexuels, c'est de l'inceste. (B : 1)

De plus, les intervenants parlent presque exclusivement d'inceste père – fille, et ce, magré le fait que dans une étude récente réalisée au

Québec, 20% des «cas d'abus sexuel» se rapportaient à de jeunes garçons (CPJ, 1984, p. 57).

Sur le sujet de l'inceste, les intervenants se sont montrés très loquaces. Ils identifient des indices qui, selon eux, leur permettent de repérer le problème. D'abord, il y a cette dynamique familiale où la mère aurait démissionné de son rôle :

> Il y a vraiment une dynamique incestueuse. Il y a la problématique familiale, la problématique de la jeune fille, ses troubles du comportement. Il y a la manière dont ils se racontent. C'est exactement la dynamique incestueuse. Ça veut dire que la fille est en conflit avec sa mère... La fille fugue à l'occasion. Le père donne des cadeaux. Le père est trop sévère. Pour moi, ça, c'est vraiment des dynamiques incestueuses. (15 : 22)

> Dans l'inceste, il y a un *pattern* de fonctionnement familial. Dans la famille, il y a une façon de vivre les choses qui s'installe entre le père, la mère et la fille. Il y a toute une dynamique. Chacun joue son rôle. (5 : 13)

La mère est souvent décrite comme étant complice de la situation :

> Les familles ont en général un noyau familial assez fort. La mère, dans les familles incestueuses, le sait assez souvent et c'est souvent le concubin qui agit. (7 : 5)

Il est aussi question de l'inceste qui se perpétue de génération en génération :

> C'est que l'inceste existe non seulement dans le contexte présent, mais ça remonte à la génération précédente. (5 : 11)

Enfin, même si la relation incestueuse n'est pas évidente à un certain moment, il serait possible de la prévoir à long terme selon une gamme d'indices :

> Au-delà des gestes physiques, c'est l'atmosphère qui règne dans la maison qui est compromettante. Il n'y a pas le geste, mais c'est comme si tout nous indique qu'il va en survenir à un moment donné. (3 : 15)

> C'est comme quelque chose qui se bâtit tranquillement et qui va aller de plus en plus loin. Peut-être une relation complète aura lieu à un moment donné. Alors, on peut déjà, en parlant avec eux autres, avoir décelé des indices de la mise en place d'un comportement qui va arriver à de l'abus sexuel, disons à de l'inceste où il y a un engagement plus grand. Ça dépend comment on le définit. (5 : 11)

Quant aux conséquences de l'inceste chez l'enfant, les intervenants les identifient sans contredit comme étant dramatiques :

> Ils sont «pockés» [marqués] pour le reste de leurs jours. (2 : 4)

> Il me semble important de savoir que souvent on a des signalements où il n'y a pas de relations sexuelles complètes mais où il y a des caresses ou de la

masturbation qui sont tout aussi marquants à mon point de vue que la relation incestueuse complète. (3 : 11)

Tout le modèle est éclaté. La fille se retrouve devant un vide épouvantable, déconcertant. Il y a tout le mensonge. (3 : 16)

Parce que ces enfants-là sont très culpabilisées. Elles se sentent toutes seules. Elles n'ont personne sur qui s'appuyer. Elles sont dépourvues. Elles ne savent plus où aller. (4 : 16)

Ils développent des gros troubles du comportement et ils risquent plus tard de reproduire les mêmes comportements. (7 : 3)

L'EXISTENCE D'UN DISCOURS PARALLÈLE

Outre l'existence d'un discours quasi uniforme en matière d'abus sexuel chez les intervenants, nous avons pu retracer une forme de discours parallèle chez quelques-uns d'entre eux. Ainsi, l'un de nos témoins est d'avis qu'il n'y a pas d'indices clairs pour repérer les « cas d'abus sexuel », contrairement à ce que l'on vient de lire. Cet intervenant, occupant des fonctions de spécialiste à l'intérieur de la structure d'intervention et travaillant uniquement sur ce type de cas, souligne qu'il est extrêmement difficile de définir les abus sexuels. À son avis, il n'est pas facile d'établir une ligne de démarcation entre ce qui est abus sexuel et ce qui ne l'est pas. De plus, les cas qu'on lui confie ne sont pas, selon lui, de nature incestueuse. Il dit rencontrer beaucoup de beaux-pères qui seraient abusifs vis-à-vis de leur fils par alliance. Par ailleurs, il souligne que plusieurs jeunes dont il s'occupe sont impliqués dans des réseaux de prostitution.

Cet intervenant, dont les propos diffèrent considérablement des autres, occupe aussi une fonction différente. Malgré une structure d'intervention qui ne favorise pas la spécialisation, il est parvenu quand même à développer une expertise spécifique et reconnue. Cette situation est contraire à celle de la majorité des intervenants. De plus, il nous apprend qu'il reçoit des cas en provenance d'autres territoires que le sien. Il est surtout rattaché à la prise en charge mais, de toute évidence, il prépare des dossiers complets sur les cas qu'on lui confie ; c'est-à-dire qu'il procède lui-même à une forme d'évaluation, qu'il pratique une démarche thérapeutique personnelle et qu'il lui arrive d'entamer des procédures judiciaires. Dans ce dernier cas, il aura à reconstituer tout le cheminement et la trajectoire suivis par les cas sous sa responsabilité. Il est donc parvenu à échapper à une compartimentation radicale de ses fonctions.

Il existe aussi, dans la documentation produite, différents discours parallèles. Pour n'en souligner qu'un aspect, mentionnons que des auteurs de travaux scientifiques ont tenté de soulever le problème inhérent à la définition de l'inceste par rapport à d'autres types d'abus sexuel (Sagarin, 1977). Leurs travaux, comme plusieurs autres qui remettaient en question des conceptions traditionnelles quant à la définition générale de l'objet, n'ont eu guère d'échos tant au point de vue de la sensibilisation populaire sur la question (à partir des documents consultés), qu'auprès de la très grande majorité des praticiens rencontrés.

L'ABUS SEXUEL : UN CHAMP PRIVILÉGIÉ D'INTERVENTION

Les représentations de l'abus sexuel comme objet d'intervention sont diversifiées et très complexes. Les propos des intervenants reproduisent en bonne partie le discours tenu dans les ouvrages dont les auteurs se proposent d'élaborer diverses formes de traitement. C'est d'abord et avant tout le modèle thérapeutique qui est préconisé tant par les intervenants rencontrés que dans la documentation consultée. Les conceptions relatives à l'intervention thérapeutique reposent principalement, elles aussi, sur des quasi-théories. Toutefois, dans la recherche des solutions, les auteurs déploient des efforts considérables pour élaborer des formes diversifiées d'approche ou de plan de traitement. Il reste que la conception traditionnelle de l'inceste, en tant que fruit d'une pathologie intrafamiliale reliée à une confusion des rôles, demeure la thèse sur laquelle repose la plupart des efforts thérapeutiques. Ainsi, bien qu'il existe des variations dans les modalités spécifiques de traitement, la majorité des thérapeutes vise des objectifs semblables se traduisant surtout par le traitement de tous les membres de la «famille malade».

Nous avons déjà analysé (Manseau, 1983) différents courants thérapeutiques et tenté d'en dégager les résultats obtenus. Nous en avions alors conclu que la plupart des expériences ne comportaient pas suffisamment de mesures de contrôle pour qu'on puisse juger de l'efficacité «réelle» des différents traitements.

Les intervenants rencontrés s'accordent pour dire qu'à l'heure actuelle, au Québec, l'intervention pour abus sexuel s'exerce dans des conditions difficiles. Nous en avons déjà discuté dans le chapitre précédent. Par contre, la très grande majorité des intervenants ne remet pas en question le modèle thérapeutique.

Hormis les administrateurs, tous les intervenants démontrent dans leur discours un intérêt marqué pour l'intervention en matière d'abus sexuel, tant au point de vue de l'évaluation qu'au point de vue de la prise en charge. Certains ont même développé ou mis en marche des plans de traitement spécifiques. Même si la structure d'intervention ne favorise pas la spécialisation, l'abus sexuel paraît être un lieu privilégié pour faire preuve de compétences particulières.

La vocation thérapeutique des intervenants ne se heurte pas seulement, d'après eux, à des mécanismes structurels inadéquats pour s'accomplir. Le principe même de la déjudiciarisation à des fins de traitement est à leur avis critiquable. Les mesures volontaires qu'on avait mises en œuvre pour permettre d'éviter le recours au système judiciaire sont jugées trop faibles. C'est dans cette perspective que la plupart des intervenants rencontrés affirment qu'ils sont maintenant en faveur d'un recours au système judiciaire, dans l'optique toutefois d'une meilleure emprise sur le traitement. Par contre, si dans l'ensemble, les intervenants sont en faveur du modèle thérapeutique pour intervenir et qu'ils souhaitent le recours judiciaire pour appuyer leur action, il se trouve des variations dans leurs discours relativement à trois aspects : 1) la spécialisation ; 2) les plans de traitement préconisés ; 3) les modalités de recours au milieu judiciaire. Ces éléments de variation sont en partie reliés à leurs fonctions et à leur position au sein même de la structure d'intervention.

La spécialisation : pour ou contre ?

Les administrateurs que nous avons rencontrés n'ont pas tendance à croire que les abus sexuels constituent un problème particulier sur le plan de l'intervention et sont d'avis que ce type d'abus ne doit pas faire l'objet d'un traitement spécifique par rapport à d'autres problèmes. L'un d'eux avance même l'idée que certains groupes qui travaillent à régler le problème tentent en même temps de « se faire une place dans le réseau et d'en tirer des bénéfices ».

Pour la majorité des intervenants directs, l'abus sexuel est au contraire un « problème spécial » :

C'est difficile de travailler avec ces cas-là. (11 : 2)

Les cas d'abus sexuel sont de plus en plus lourds. (16 : 6)

Selon l'avis de certains d'entre eux, qui s'intéressent particulièrement aux cas d'abus sexuel, les intervenants sociaux ne seraient pas suffisamment formés en général pour y faire face :

Les intervenants sont dépassés par la problématique... Ils ne sont pas suffisamment formés. Il faudrait un sens, une continuité à l'intervention. (14 : 4)

Quatre autres intervenants rencontrés avaient mis au point une approche thérapeutique particulière. Ceux-là aussi sont nettement en faveur de la spécialisation ; ils estiment que les intervenants ne sont généralement pas assez à l'aise pour intervenir :

> Il n'y a pas beaucoup de monde habile et intéressé à travailler avec ces cas-là. (13 : 3)

> Ce ne sont pas tous les intervenants qui sont capables d'affronter ce genre de situation-là. (5A : 1)

Paradoxalement, les autres intervenants, non spécialisés en la matière, ne concevaient aucunement, au moment où nous les avons rencontrés, qu'ils n'étaient pas aptes à s'occuper des abus sexuels. Au contraire, ils disaient être parvenus avec le temps et l'expérience à développer des habiletés particulières (puisque, pour l'ensemble des intervenants, l'abus sexuel se pose comme un problème spécial). Les citations suivantes permettent d'illustrer ce point de vue :

> À l'époque, on trouvait que la problématique n'était pas suffisamment cernée... On a appris à travailler dans ça, à faire des évaluations. On s'est formés tranquillement puis, il y avait bien du monde intéressé à travailler... C'est vraiment, comme on dit, s'être formés sur le tas à partir du besoin de la réalité. (17 : 1-7-17)

> On apprenait pièce par pièce. (3 : 5)

Nous pouvons donc en déduire que, globalement, la position occupée (administrateur ou intervenant direct) de même que le fait d'avoir mis au point un mode de traitement influencent les points de vue concernant la nécessité ou non de la spécialisation dans le champ de l'intervention pour les cas d'abus sexuel.

Les thérapies à la mode

Dans l'étude que nous avons réalisée en 1983 sur les divers courants thérapeutiques, nous avions présenté les différentes expériences en les résumant ainsi :

> Depuis les années 70, période où les signalements d'inceste vont en s'accroissant, ce sont les thérapies impliquant plus d'un membre de la famille qui sont les plus populaires. Parfois il est fait mention de l'ère de la thérapie familiale mais à notre avis, l'on pourrait davantage parler de thérapies mixtes ; c'est-à-dire visant à la fois un traitement individuel des personnes impliquées, un traitement de la famille, parfois même du couple et dans certains cas utilisant des groupes auto-aidant. Globalement, les expériences thérapeutiques visent rarement le traitement exclusif d'un des membres de la famille, et ce, probablement en relation avec les recherches concernant l'étiologie et la conception traditionnelle de la dynamique incestueuse. (H. Manseau, 1983, p. 20)

Des entrevues ayant servi à la présente étude, il ressort que les intervenants se réfèrent généralement à ces grands courants. Cependant, un intervenant qui a réussi à se faire reconnaître officiellement comme spécialiste a développé un modèle distinct. Il dit surtout s'intéresser dans son travail à l'identité sexuelle des abuseurs. Les autres intervenants soulignent principalement leur recours à des formes de thérapies familiales pour familles incestueuses.

Les personnes ayant mis au point des plans de traitement et les ayant publiés (trois cas) sont très sollicitées : « Tu deviens la personne-ressource, le modèle » (3 : 5). Elles sont ainsi amenées à donner des conférences ou des sessions de formation.

Au début de la mise en application de la Loi 24, ce sont les tenants de la thérapie familiale basée principalement sur une méthode systémique qui ont eu le plus de popularité. Aujourd'hui, ce sont les propagandistes de méthodes mixtes qui sont plus populaires. Au cours de la période d'entrevues, un intervenant s'apprêtait à donner une session d'information à des collègues. Il affirmait préconiser un traitement dit intégré qui, à notre sens, avait plutôt le caractère des thérapies mixtes, et estimait que sa méthode et son expertise étaient basées sur son expérience. D'après lui, il allait réussir là où d'autres avaient échoué :

> Donc c'est arrivé comme cela à partir des cas qui m'étaient confiés. Plus j'en avais, plus je me mettais à jour vraiment en terme de connaissances des pratiques... J'essayais de voir... ceux qui ont échoué à fond de train, pour savoir quoi ne pas faire. (12 : 5)

Les intervenants qui se démarquent par leur intérêt à promouvoir un plan de traitement ont tendance à critiquer ceux qui ne suivent pas ce cheminement. Ils souhaitent parfois parvenir à imposer leur conception de l'intervention, estimant qu'à l'heure actuelle il ne se fait rien :

> Du traitement, il y en a pas. (1 : 13)

> ... le programme du CSS [où la personne interviewée travaille] peut permettre à d'autres de se baser [dessus] puis de l'implanter ailleurs ; c'est mieux que de ne rien avoir. (13 : 18)

Les options thérapeutiques peuvent donc varier d'un intervenant à l'autre, chacun ayant tendance à promouvoir son propre plan de traitement.

La tentation du recours au judiciaire

Les intervenants ayant participé à nos entrevues ont manifesté une tendance à favoriser le recours au système judiciaire, tendance dont l'intensité comporte des éléments de variation. Certains intervenants craignent ce recours principalement en raison d'une vision négative à l'égard des exigences de la cour au sujet des plaintes et des témoignages d'enfants :

> T'as pas d'emprise sur le judiciaire. Il faudrait que la fille aille porter plainte contre son père. Si elle a quatorze ans ou plus, elle peut témoigner. Plus jeune, il faut absolument un témoin... Si elle n'a pas quelqu'un d'autre qui vient confirmer ses dires, son témoignage n'est pas retenu. Alors le père se défile tout le temps. Il a toujours le beau rôle. (12 : 7)

> Les enfants ne devraient pas témoigner en cour. (2 : 11)

Il en est de même pour les règles de preuve :

> On ne se présente pas en cour à cause des exigences de preuve et de la nécessité de témoignage de l'enfant. (18 : 11)

> Les exigences pour la preuve m'apparaissent déraisonnables. (11 : 6)

Bref, toutes ces règles contraignantes seraient frustrantes car souvent, l'aboutissement d'une plainte procurerait aux intervenants un sentiment d'échec : « On se fait débouter de façon épouvantable en cour... On a perdu trop de causes » (6B : 4).

Leur vision négative du système judiciaire est surtout reliée au fait que, lorsqu'ils se présentent en cour, ils estiment ne pas arriver à faire valoir leur point de vue. Par contre, ils considèrent que les mesures volontaires (qui avaient été mises en œuvre afin d'éviter le recours au système judiciaire) ne leur permettent pas non plus d'assurer un suivi satisfaisant auprès de l'abuseur :

> Les mesures volontaires sont trop faibles. C'est pas allé assez loin, les gens jouent la comédie. (6 : 5)

> On a pas beaucoup de prise sur l'abuseur. (12 : 5)

> Le seul élément faible : nous n'avons pas toujours les moyens qu'on devrait avoir pour contrôler ça. Souvent les pères nous échappent. (5 : 17)

> Sauf que les pères, on les a pas toujours puis c'est difficile de les avoir. (11 : 5)

C'est lorqu'ils font des constats semblables qu'ils en viennent à privilégier le recours au tribunal dans le but principalement d'exercer plus de pression afin de traiter les pères :

> Si on laisse passer le père, si on ne fait pas d'autres démarches pour terminer dans un traitement, on a de grosses chances de le perdre. On peut par le juge, par exemple, obtenir une sentence qui va inclure sa collaboration au niveau du traitement. (5 : 5)

> Je crois à cette pression du tribunal [pour le traitement]. (6 : 6)

Le mouvement d'un recours renouvelé au système judiciaire en matière d'abus sexuel était suffisamment amorcé au Québec au moment où nous avons effectué nos entrevues. Un document visant au développement d'une approche intégrée, sociale et judiciaire, en matière d'abus sexuel, et définissant un protocole de coopération entre les divers ordres d'intervention était alors en circulation. Il avait été réalisé par un groupe de travail sur les abus sexuels, formé à la suite d'une démarche entreprise par le Comité de la protection de la jeunesse. Ce document favorisait les éléments suivants :

1. Un accroissement des ressources et des mesures de soutien à l'enfant victime et à sa famille de la part des services sociaux.

2. Une plus grande responsabilisation des infractions au sens du Code criminel ou au sens des articles 134-135 de la *Loi sur la protection de la jeunesse*.

3. Une préoccupation plus grande du système judiciaire envers l'enfant victime et envers sa famille par une diminution de l'impact intimidant de la procédure judiciaire. (G. Rioux-Gougeon et J.-F. Boulais, 1984, p. 36)

On préconisait donc d'établir un concertation entre les policiers, les services sociaux et les services judiciaires.

Les propos des intervenants interrogés ne laissent pas tous à penser que ceux-ci souhaitent un recours au judiciaire avec la même vigueur qui se dégage dans le document produit. À cet égard, l'un d'eux précise : « Mais l'approche sociojudiciaire n'est pas vendue » (6 : 2).

Par ailleurs, les intervenants qui préconisent un plan de traitement spécifique ne se montrent pas en faveur de changements aussi radicaux. Ce qu'ils souhaitent surtout, c'est que le système judiciaire se pose comme étant au service du modèle thérapeutique.

On peut lui imposer une probation mais très serrée avec des fonctions très strictes [liées au plan de traitement préconisé] qu'il doit respecter absolument et même éventuellement aller en prison les fins de semaine, si ce sont les plus dangereux. (12 : 18)

Le document ne recommande pas que les règles de preuve ou de procédures soient altérées. Les intervenants, nous l'avons vu, se prononcent surtout contre ces procédures. Voici ce que souhaitent plusieurs d'entre eux : « Idéalement, on voudrait qu'une entrevue avec l'enfant puisse servir comme preuve. Comme dans l'approche de Giaretto [18] aux États-Unis. »

D'ailleurs, nous savons qu'à l'heure actuelle des intervenants, pour faire parler les abuseurs, usent de certaines techniques d'aveu incompatibles avec les règles et procédures judiciaires en vigueur au Canada.

Nous avons rencontré un seul juge pour les besoins de notre étude. Il nous a entretenu sur ce qu'il pensait de ces techniques d'aveu utilisées pour

---

18. Il s'agit d'une approche thérapeutique dite intégrée, c'est-à-dire comportant plusieurs techniques d'approche et une intégration des services sociaux et des services judiciaires.

forcer les abuseurs à signer des mesures volontaires. Citons quelques-uns de ses propos :

> Quand je donne mon consentement à des mesures volontaires, il faut que ce soit libre. Il faut donner un consentement libre, volontaire, éclairé, pas du tordage de bras. On dit aussi dans certains types de preuve, de causes : « Vous devez appliquer telle telle règle d'admissibilité ». Ça c'est le législateur canadien, québécois qui parle au nom de l'ensemble de la population qui disent : nous, on veut vivre dans un type de société où il y a ce type de règles-là. On sait que parfois ça va nous empêcher de mettre la main sur un coupable. Ça va nous empêcher possiblement, dans certains cas, de prendre les mesures qui seraient peut-être nécessaires pour le bien de l'enfant mais il faut d'abord respecter la règle de droit... Rendre la justice selon la loi. Pas rendre la justice selon... [noms de personnes citées]. Qu'est-ce qui dit à tel intervenant psychosocial qu'effectivement le bonhomme, c'est vraiment parce qu'il a fait des gestes d'abus sexuels qu'il admet ? Est-ce que c'est pas plutôt parce qu'il a bien peur d'aller à la cour ce gars-là ? (18 : 29)

UNE ANALYSE GLOBALE DES CONCEPTIONS À LA BASE DU PROBLÈME DE L'ABUS SEXUEL ____

Les conceptions entretenues sur l'abus sexuel peuvent être influencées par des facteurs complètement extérieurs au problème en tant que tel. Le processus de définition qui l'entoure principalement au sein de la structure telle qu'elle nous est apparue, par la voix des intervenants rencontrés, nous semble entraîner des répercussions considérables. Finalement, nous en sommes venue à nous demander si, une fois institutionnalisé, le traitement sain et juste de ce problème est possible, compte tenu des distorsions et des préjugés qu'il véhicule. Chose certaine, la publicité autour de cette question et l'incitation aux signalements de ce type d'abus auprès de la population ont certes permis une forme d'élargissement du contrôle social étatique qui aurait été appuyée par une croisade professionnelle intéressée à étendre son territoire d'intervention.

Les abus sexuels sont prisonniers des caractéristiques bureaucratiques d'intervention

L'analyse du discours parallèle chez un intervenant a mis en lumière les effets de la compartimentation des fonctions qui règne dans le contexte d'intervention bureaucratique actuel. L'intervenant qui tient des propos différents (de par la fonction qu'il occupe et selon la définition des tâches qu'il doit accomplir) travaille dans un contexte beaucoup moins compartimenté que les autres. En général, les intervenants ne peuvent suivre un cas tout au long de ses multiples démarches. Leur vision du problème s'en trouve nécessairement morcelée. Et il y a là un terrain fertile à une forme d'endoctrinement ou, plutôt, à la persistance d'un discours dominant qui montre l'horizon d'une hypothétique totalité. Ainsi, les intervenants paraissent devoir s'en remettre à des images externes pour comprendre et définir le problème de l'abus sexuel. Leurs connaissances pratiques ne leur permettent pas, en raison des limites imposées par la structure d'intervention, de concevoir le problème en des termes autres que ceux véhiculés le plus souvent dans la documentation produite.

Nous avons déjà vu, par ailleurs, que la structure d'intervention transmet et véhicule, de façon évidente, une forme d'idéalisation de la protection de la jeunesse. Nous considérons les représentations des abus sexuels comme s'inscrivant directement dans la sphère de cet idéal de protection, lequel relève sûrement de l'idéologie car il permet, entre autres choses, de « reconnaître un sens à la situation afin que l'action soit possible » (Dumont, 1981). Le sens conféré aux abus sexuels se pose dans l'abstrait chez les intervenants. L'idéal de protection agit comme un élément moteur leur permettant d'imaginer et de croire que les abus sexuels sont des situations qui se définissent en dehors du champ de la pratique.

Le caractère incestueux de l'abus sexuel joue aussi un rôle actif. Le fait de définir ce type d'abus en fonction d'un tabou réputé universel contribue à dramatiser le problème. Par le fait même, l'urgence et la nécessité d'intervenir prennent tout leur sens. La notion d'abus sexuel, en plus de constituer un élément favorable à l'élaboration de processus de réduction à la base même de l'idéologie, permet de conférer un sens bien précis à la fonction de protection.

Il est évident que les représentations négatives fréquemment entretenues au sujet de la structure d'intervention n'ont aucun effet sur les représentations entretenues à l'égard du problème. Les intervenants croient fermement qu'on doit continuer d'intervenir en matière d'abus sexuel et de dénoncer ces actes en vue de protéger les enfants. Les problèmes liés à la structure d'intervention et à la « captivité » des cas, qui s'opposent certes à l'idéal de protection, sont ainsi relegués à l'arrière-plan. Comme Dumont (1981) le souligne : « Les organisations utilisent les idéaux collectifs comme élément moteur de leur fonctionnement. »

Par ailleurs, on ne doit pas penser que cette référence à l'idéal de protection soit pour les intervenants le fruit d'un assujettissement. Le recours à cet idéal est au cœur même de l'action dans laquelle ils sont engagés ; ne pas y croire risquerait de remettre en question leur raison d'être, entendue au sein de la structure d'intervention actuelle.

Formation et déformation professionnelles : les intérêts professionnels en jeu

Deux points majeurs seront maintenant traités : d'abord, l'idéalisation du modèle thérapeutique en rapport avec la valorisation professionnelle et l'appropriation d'un champ ; ensuite, la mise en perspective de l'accroissement des contrôles entraîné par le retour à une forme de judiciarisation des cas d'abus sexuel.

L'idéalisation du modèle thérapeutique

Nous ne pouvons aborder les représentations en matière d'intervention pour abus sexuel sans nous rappeler le contexte d'émergence du problème. Tous les intervenants ont été engagés à travailler dans un contexte général d'intervention où le type de contrôle social prédominant est de type service social. C'est donc le modèle thérapeutique à la base de la conception générale de l'intervention dans ce domaine au Québec. Le mouvement de la protection de la jeunesse au Québec a prôné une forme de déjudiciarisation de ces conflits. Pour les résoudre, on a fait appel à des expertises de type psychosocial. Il y a donc eu, en raison de cette idéalisation thérapeutique concrétisée et institutionnalisée, appropriation, par ses propagandistes, d'un nouveau champ d'intervention.

Ce sont donc majoritairement des professionnels possédant une formation dans le champ des sciences humaines qui ont été choisis pour ce faire. Les intervenants, que ce soit pour l'évaluation ou la prise en charge, doivent viser des changements selon le modèle thérapeutique.

Les représentations des intervenants relatives à l'intervention sont essentiellement reliées à cette position professionnelle où ils doivent agir en tant que fournisseurs d'atouts nouveaux. Les diverses conceptions de l'intervention correspondent directement à cette vocation thérapeutique. Soulignons que la fonction de fournisseur d'atouts nouveaux peut agir directement en tant que facteur de valorisation de la profession. Le psychologisme et l'idéal qu'il sous-tend dans la prétention à mieux résoudre les conflits permet de rationaliser la position des agents de protection. D'ailleurs, pour Dumont (1981), le champ des pratiques idéologiques peut se poser dans une forme de rationalisation du travail et « n'est concevable que par la délimitation préalable d'un espace de labeur, d'une situation idéalement fermée sur ses uniques impératifs » (p. 103).

Le fait que les administrateurs soient moins enclins que d'autres personnes rencontrées à privilégier la spécialisation peut se comprendre aisément. Leur vocation est moins associée au traitement qu'à l'application des modalités d'intervention en vigueur, telles que prévues dans la structure d'intervention. De plus, les administrateurs ne peuvent eux-mêmes bénéficier de l'appropriation d'un champ spécifique sous forme d'expertise thérapeutique, alors que certains intervenants auront peut-être le privilège d'être consacrés en tant que spécialiste d'un «modèle» d'intervention. De toute façon, la fonction d'administrateur permet certes de faire la preuve de compétences professionnelles relevant davantage d'habiletés à faire fonctionner la structure selon le modèle établi qu'à résoudre des problèmes spécifiques reliés au traitement de l'abus sexuel. Lesemann et Renaud (1980), dans une étude sur la Loi 24, ont fort bien établi l'existence des rapports de force (dominant – dominé) au sein des services sociaux au Québec. Ils ont soulevé d'ailleurs le fait que certains administrateurs sont beaucoup plus préoccupés par les choses administratives que par des questions dites professionnelles et thérapeutiques.

Si nous nous arrêtons, par ailleurs, aux différences caractérisant les intervenants qui ont développé une expertise plus approfondie par rapport à d'autres, il n'est pas étonnant de constater qu'ils se prononcent tous en faveur de la spécialisation. Le traitement des abus sexuels, tout en favorisant la reconnaissance et la valorisation professionnelles, peut permettre l'appropriation spécifique d'un champ par le développement d'une expertise particulière. En ce sens, notre analyse se réfère surtout aux propos de Landreville qui, dans une analyse sociopolitique des normes, abondait dans le sens de Bourdieu au sujet de l'appropriation de champs professionnels :

> Parfois, la création de nouvelles normes vise directement à créer ou à étendre le champ de travail ou le champ professionnel, à établir un monopole et à exclure d'autres experts du champ. (P. Landreville, 1983, p. 30)

Quant aux intervenants qui n'ont mis en œuvre aucun mode de traitement spécifique, ils doivent encore faire la démonstration qu'ils sont en mesure de faire face au problème. Il ne faut pas se surprendre non plus du fait qu'ils tentent également de démontrer une forme de compétence particulière pour le traitement et la compréhension de l'abus sexuel. Leur vocation même à l'intérieur de la structure d'intervention l'exige et la conformité à ce besoin n'échappe pas à la valorisation de leur profession en tant que fournisseurs d'atouts nouveaux. Dans cette perspective, on peut comprendre que les intervenants ayant développé une expertise s'en portent défenseurs, à la fois en posant la leur comme la meilleure et en tentant de mettre en échec celle d'autres experts.

La tentation du recours au judiciaire et l'élargissement des contrôles

Pour la majorité des intervenants rencontrés, il s'avère nécessaire, en matière d'abus sexuel, de recourir au système judiciaire. L'argumentation la plus forte porte sur l'absence de contrôle ou d'emprise auprès des abuseurs. Mais l'option judiciaire est favorisée sans un questionnement direct sur la situation des enfants pris en charge dans la structure d'intervention actuelle. Il s'opère ainsi un déplacement vers la situation des pères qui ne sont pas « atteints de façon satisfaisante ». Cette tendance ne signifie pas que les intervenants se soient montrés insensibles aux difficultés éprouvées par les enfants au sein de la trajectoire structurelle actuelle ; toutefois, le recours au système judiciaire se pose comme une solution nouvelle qui permettrait à leurs yeux de réduire les dissonances dans le processus d'intervention. Mais le recours au judiciaire est préconisé selon des modalités spécifiques. Principalement, on estime que les tribunaux devraient assouplir certaines règles de preuve.

Toutefois, aucun des intervenants faisant partie de notre étude (hormis le seul juge rencontré) ne critique ces procédés ou leur rôle d'enquêteur. En comparant nos données à ce propos à celles recueillies par Lesemann et Renaud (1980), nous constatons une différence notoire. Les auteurs de l'étude citée relevaient chez des praticiens l'expression d'un malaise vis-à-vis du rôle d'enquêteur et ils ajoutaient : « ... [les intervenants] voient une contradiction entre relation d'aide et contexte d'autorité ». En matière d'abus sexuel, cette gêne ne s'est pas manifestée chez les intervenants de notre étude. Par ailleurs, ils se sont montrés enclins à favoriser une combinaison des deux styles de contrôle social, à condition cependant que le judiciaire, plus formel, serve à élargir les contrôles et à maintenir la subsistance de l'autre style basé sur un modèle thérapeutique.

Les abus sexuels, selon la définition générale (tabou, répercussions) ne peuvent que répugner. Les intervenants sont imbus de ces conceptions. Il n'est alors guère surprenant, en partie à cause de ces préjugés, qu'ils ne se montrent aucunement critiques par rapport aux contrôles exercés. L'abus sexuel est un problème certain. Les interprétations originales sur l'objet ne sont pas valorisantes. Percevoir le problème différemment risque de mettre en péril cet objet certain aux yeux de tous ainsi que le dispositif de contrôle duquel les intervenants tirent leur raison d'être.

Les abus sexuels, en substance, sont un terrain privilégié pour l'élargissement des contrôles.

Chapitre 4

Le rôle des intervenants _____

Dans ce chapitre, c'est l'analyse des sujets intervenants, en situation d'intervention, qui sera au centre de nos préoccupations. Nous examinerons certaines pratiques à partir des descriptions qui en ont été faites en cours d'entrevue. Nous tenterons essentiellement d'élucider les rapports entre le sujet intervenant, en situation d'intervention, et la structure d'intervention ; puis nous essaierons d'établir des liens entre les données que nous aurons ainsi dégagées et la position des intervenants. Enfin, nous nous pencherons sur les répercussions d'ensemble de ces interrelations quant à l'objet d'intervention. Mais débutons par certaines mises au point.

L'examen de pratiques ou de situations d'intervention à partir de témoignages verbaux comporte en soi des limites. N'ayant pas fait l'examen de situation *in vivo*, notre analyse ne nous permettra donc qu'un regard partiel.

Les intervenants sont jusqu'à un certain point assujettis aux directives officielles en vigueur au sein de la structure d'intervention. Soulignons également qu'ils s'expriment d'une façon assez uniformisée sur la question des abus sexuels. Néanmoins, lorsqu'ils décrivent des situations concrètes d'intervention, leurs propos nous portent à croire qu'ils peuvent user d'une certaine autonomie dans l'action et même, à l'occasion, contourner carrément certaines directives structurelles.

La structure d'intervention, telle qu'elle est conçue par les intervenants, nous amène à la situer en fonction du modèle proposé par Goffmann (1961) au sujet des institutions. Nous retenons principalement deux des caractéristiques qu'il leur attribue : d'abord, la référence constante à une idéologie consacrée en leur sein ; ensuite, la possibilité pour les personnes qui y vivent de développer par rapport à l'institution des mécanismes d'adaptation secondaires qui agiront de façon à ce qu'elles puissent contourner les directives institutionnelles. Ces mécanismes représentent pour l'individu « le moyen de s'écarter du rôle et du personnage que l'institution lui assigne ».

Quant au caractère soi-disant totalitaire de l'institution (ou de la structure d'intervention) il pourrait en être question longuement. Ainsi, nous croyons n'avoir repéré au cours de notre étude que des traces, tout au plus, des contraintes objectives qui commandent l'équilibre des pouvoirs, la circulation des informations et le type de rapport obligé entre les membres.

Il reste que si nous croyons, comme le précise Goffmann (1961), que « tout engagement et tout attachement inconditionnel envers une unité sociale entraîne une certaine destruction du moi », nous pouvons identifier, dans quelque organisation sociale que ce soit et peu importe qu'elle puisse être considérée en tout point comme totalitaire, une tendance chez ceux qui y vivent à préserver « une partie de soi » de l'emprise exercée par l'institution.

Nous tenons à souligner les limites effectives de ces mécanismes d'adaptation qu'on peut surtout percevoir, dans le cas étudié, comme « intégrés », au sens où ils ne visent pas la désintégration de l'institution. Mentionnons aussi que ce ne sont pas tous les individus ou tous les groupes qui parviendront à développer de tels mécanismes. Par ailleurs, le fait de faire référence à l'existence de tels mécanismes ne doit pas empêcher ou limiter une réflexion plus globale et critique sur le fonctionnement des institutions, car le fait de considérer l'existence de comportements adaptés aux institutions pourrait être entendu comme une forme d'appui aux institutions en place. Certains travaux interactionistes, nous l'avons déjà noté, ont été jugés en ce sens. Partant de l'idée qui s'en dégage, selon laquelle l'humain peut s'adapter même lorsqu'il est rattaché à une institution contraignante, certains critiques ont avancé que ces travaux pouvaient supporter l'existence ou le fonctionnement de telles institutions. Ajoutons que, dans le cas de notre étude, « l'univers » des intervenants rencontrés ne les confine d'aucune façon à la réclusion systématique. En général, ils quittent leur bureau après les heures « normales » de travail. De plus, les actes autonomes qu'ils posent (en dehors des directives officielles) sont loin de revêtir l'aspect de la clandestinité. Il s'agit donc d'un univers relativement éloigné de celui du « reclus » ou du « malade mental ». En somme, ce sont certaines des actions des intervenants eux-mêmes qui contribuent à l'étiquetage ou à la désignation de personnes en tant qu'abuseurs ou abusés, c'est-à-dire de personnes qui seront davantage susceptibles de subir un contrôle totalitaire de leur mode de vie, partant, une réclusion plus intense.

Précisons aussi que les actions des intervenants et les zones d'autonomie qu'ils tentent de s'approprier en contournant certaines règles officielles ne reflètent pas seulement un besoin de préservation d'un moi autonome par rapport à la structure d'intervention. Par les gestes qu'ils disent poser, les intervenants cherchent également à préserver certains intérêts relatifs à leur profession. Nous l'avons vu au chapitre précédent, les abus sexuels peuvent devenir un champ de spécialisation intéressant. Mais il y a plus encore ; comme nous le verrons en dégageant certaines perceptions liées à la clientèle desservie (au sein des services sociaux en général), il est permis de penser que, de façon plus ou moins consciente, les intervenants sont influencés par des facteurs extérieurs aux situations qu'ils évaluent. Nous avons pu comprendre aussi que, dans certains cas, les intervenants contournent les directives officielles en vue de mieux protéger l'enfant. À un autre moment, nous avons pu saisir que certaines règles officielles avaient été outrepassées pour répondre aux exigences de supérieurs hiérarchiques.

Les actions des intervenants, que nous décrivons comme une forme de mécanisme d'adaptation à la structure d'intervention, ont un impact direct sur les mécanismes de renvoi. Définis comme des opérations d'inclusion ou d'exclusion des situations-problèmes pour références ultérieures, les renvois sont largement tributaires des activités des intervenants. Ces activités sont conditionnées par certains impératifs structurels et sont aussi le résultat de mécanismes d'adaptation.

Ainsi, les intervenants, en usant d'une certaine marge d'autonomie, pourraient aller jusqu'à empêcher que l'abus sexuel soit identifié comme tel, dans certaines situations. Dans d'autres cas, la liberté permise dans l'action pourrait leur permettre d'en identifier plus souvent.

Nous pouvons donc dire que mécanismes d'adaptation et renvois différentiels vont de pair. D'après les témoignages recueillis, des indices nous permettent d'avancer que, dans la société, certains individus ou certains groupes peuvent être à l'abri de l'intervention officielle en matière d'abus sexuel. D'autres personnes seraient moins enclines à s'opposer à l'intervention, ou à l'éviter. Enfin, c'est surtout parmi une clientèle dite plus démunie qu'on identifierait le plus souvent des cas d'abus sexuel. Parmi nos données, nous pouvons aussi considérer le langage comme un élément clé, en tant que capital social, pouvant faciliter ou au contraire empêcher, dans certains cas, que des plaintes soient jugées fondées.

Toutefois, nous savons que les intervenants demeurent astreints à des limites structurelles importantes, de même qu'ils sont contraints par certains impératifs de gestion dans la définition de l'abus sexuel.

Toutes les situations où nous avons décrit et saisi l'importance des positions individuelles et des rapports entretenus au sein de la structure d'intervention, de même que l'importance des arrangements qui en découlent, nous ont permis d'identifier la nécessité de considérer le processus définitionnel dans un sens large. En raison de la complexité des facteurs en jeu dans l'action définitionnelle, on ne peut traduire ces facteurs par des équations simples où l'on poserait, par exemple, les intervenants comme ayant le pouvoir de définir individuellement et globalement les problèmes sociaux, et l'on ne peut soutenir non plus que la structure d'intervention conditionne totalement l'action ou la praxis. Il est évident, par contre, que les rapports interactifs entre le sujet intervenant et le contexte d'intervention existent dans un cadre d'action conjointe où les influences réciproques peuvent s'affaiblir, se confirmer ou s'enrichir, dans le processus de désignation de l'abus sexuel.

Au cours de ce chapitre, nous identifierons d'abord des zones d'autonomie dans l'action des intervenants, à travers l'examen de situations relatives à l'enregistrement et à la formulation des plaintes. Il sera question alors de la clientèle desservie et du renvoi différentiel. Dans un second temps, nous discuterons de la propension chez certains intervenants à privilégier un problème plutôt qu'un autre. Nous traiterons ensuite de la marge de manœuvre dont ils disposent dans le cheminement des plaintes. Plus loin nous ferons ressortir, en regard des mécanismes d'adaptation des intervenants, certaines limites structurelles qui tendent à réduire leur marge de manœuvre et leur pouvoir définitionnel.

DES ZONES D'AUTONOMIE DANS L'ACTION

Obligés jusqu'à un certain point de procéder à des renvois successifs (en vertu d'un dispositif d'intervention comportant des mécanismes structurels assez précis, du moins pour la tâche qu'on leur assigne), les intervenants rencontrés usent, dans l'exécution de leur travail, de divers moyens personnels pour s'attribuer, parfois consciemment, certaines zones d'autonomie.

Pour plusieurs d'entre eux, cette marge de manœuvre est essentielle et permet d'atténuer le fossé qui les sépare de la structure d'intervention. En ce sens, nous envisageons ces actions d'autonomie comme étant surtout fonction d'une forme d'adaptation secondaire [19] par rapport à l'institution dont les intervenants font partie.

LA RESPONSABILITÉ DANS L'ÉTIQUETAGE D'ABUS SEXUEL

Dès le dépôt d'une plainte, des intervenants peuvent exercer leur jugement pour savoir si cette plainte leur semble fondée ou non. Il nous a été ardu de déterminer, à partir des témoignages reçus, quelles composantes exactes entrent en ligne de compte dans l'évaluation des signalements. De fait, même si les intervenants ont souvent précisé qu'en matière d'abus sexuel, les indices sont clairs, il nous a fallu fouiller à fond leurs propos pour parvenir à obtenir des détails sur l'action décisive qu'ils mènent après l'arrivée d'une plainte, et, conséquemment, pour détecter certains indices en dehors de ceux, plus abstraits, relevant d'aspects cliniques. Dans cette partie, nous ferons donc davantage référence à des témoignages isolés et spécifiques nous permettant de voir que les actions décisionnelles ne reposent pas strictement sur des données purement objectives. Divers éléments risquent, en effet, d'influer sur l'action définitionnelle.

La clientèle desservie et les renvois différentiels

Bien que ce ne soit pas tous les intervenants qui croient que les abus sexuels se produisent surtout en milieux défavorisés, plusieurs soulignent que la clientèle des services sociaux provient de couches sociales plutôt démunies ou « carencées », voire « désaculturées ». Un intervenant qualifie avec véhémence le type de population desservie :

> Ici tu gagnes ta croûte avec des crapets... Ici on est dans une place sale. À cinq heures les rats sortent, on m'appelle pas pour me dire : « Comment ça va ? » Si ta vision du monde est celle du cardinal Léger, tu restes pas. (7 : 10)

L'intervenant dont nous venons de citer les propos travaille au cœur de la région métropolitaine. Un de ses coéquipiers ayant déjà travaillé en banlieue ajoute :

---

19. Pour Goffmann (1968), les mécanismes d'adaptation secondaire consistent en des actions visant à contourner les directives officielles ; les adaptations secondaires représentent pour l'individu le moyen de s'écarter du rôle et du personnage que l'institution lui impose, contrairement à l'adaptation primaire où l'individu se soumet aux directives officielles imposées par l'institution.

D'un point de vue économique, ici, c'est pas le même niveau pantoute. C'est pas le même, ça saute aux yeux, au point de vue familial, c'est pas le même niveau pantoute. À Laval, ce qui m'a frappé dans les conflits... c'est qu'au départ, je me dis c'est plus facile de régler, de négocier. Les gens ont plus d'acquis, sont plus culturalisés, ont plus de ressources ; c'est pas des gens qui attendent leurs chèques de Bien-être social à la fin du mois. Quand il y a un problème d'argent, tout le monde est mal à l'aise, tout le monde s'engueule. (10 : 7)

Par opposition à ce type de clientèle, il souligne, en parlant des mieux nantis :

Ils ont des super avocats, ils jouent sur le plan objectif alors qu'en général les gens n'ont pas un équipement assez lourd pour nous faire face individuellement. (10 : 8)

Dans une partie non enregistrée (mais notée) de l'entretien que nous avons eu avec cet intervenant, il va jusqu'à dire :

C'est bien rare que tu vas rencontrer le fils d'un notaire ici... Quand il y a quelqu'un d'impliqué qui fait partie des services sociaux, les noms s'effacent au fur et à mesure ou, dans des cas isolés, la situation est acheminée vers un autre secteur. (10 : 8)

Si ces propos sont justes, certains individus seraient plus facilement à l'abri de l'intervention officielle, et ce, dans la mesure où un certain capital social [20] leur permettrait de mieux se défendre contre des plaintes formelles pour mauvais traitement ou abus sexuel.

Il ressort aussi, d'après d'autres témoignages reçus, que des professionnels des milieux hospitalier et scolaire se soustrairaient à l'obligation légale [21] de signaler des cas d'abus sexuel. Selon trois intervenants, dans les milieux plus riches, ces «choses-là se règlent en cabinet privé», ce qui expliquerait le mutisme de certains professionnels. Il se peut donc que, dans certains milieux, la visibilité des cas d'abus sexuel soit moindre. Aussi pouvons-nous avancer, à partir des témoignages précédents, que le capital social peut permettre des possibilités de défense plus grandes contre des signalements, ou encore empêcher tout simplement le dépôt officiel d'une plainte. Soulignons que ces assertions ne se rapportent pas uniquement à

---

20. Par capital social, nous entendons la valeur sociale accordée à quelqu'un en vertu de ses relations sociales et qui l'amène à conserver une réputation d'honnête citoyen. Nous posons le langage ou, mieux encore, le niveau de discours comme un moyen privilégié permettant d'acquérir et de conserver son capital social.
21. Nous faisons ici référence à l'article 39 de la Loi où il est stipulé que « tout professionnel qui, de par la nature même de sa profession, prodigue des soins ou toute autre forme d'assistance à des enfants... » est tenu de signaler sans délai la situation au directeur de la protection de la jeunesse.

l'action des intervenants rencontrés dans le cadre de notre étude ; l'exclusion de certaines situations relèverait aussi d'autres professionnels. Mais il reste que l'action des intervenants directs est un facteur non négligeable en matière de renvoi. Bien que notre étude se rapporte principalement aux mécanismes de renvoi secondaires à l'intérieur de la structure d'intervention, l'action de désignation dépend de celle d'autres « renvoyants » qui ont agi antérieurement. Les opérations d'exclusion ou d'inclusion de certaines situations ne sont pas du ressort exclusif des intervenants appartenant à la structure d'intervention officielle. Il n'en demeure pas moins que la population desservie au sein même de la structure d'intervention pourrait ne pas avoir profité d'un pouvoir de non-renvoi, contrairement à des personnes possédant un capital social susceptible de les mettre à l'abri d'un renvoi officiel.

Concrètement, nous avons pu déceler à partir des propos recueillis que, dans le processus de désignation officiel, deux facteurs entrent en jeu lors de l'analyse des plaintes : d'abord l'examen de la crédibilité du déclarant, ensuite les techniques d'aveu ; ces facteurs nous permettent de saisir davantage en quoi la clientèle desservie peut, d'une certaine manière, faire l'objet d'un contrôle plus serré en matière d'abus sexuel.

La crédibilité sociale du client et son influence

Un administrateur nous a mentionné qu'à l'étape de l'accueil des signalements, « c'est la crédibilité du déclarant qui est importante ». Un intervenant souligne le rôle joué par une personne qui reçoit des plaintes par téléphone. Il dit à son propos : « X est réputée pour son habileté à "discarter" [distinguer les fausses plaintes des vraies] les dossiers. » C'est principalement à partir de la première discussion téléphonique qu'elle parviendrait à déterminer si les propos du déclarant sont dignes de foi. Nous n'avons pu obtenir que peu d'informations précises sur les critères permettant de porter un tel jugement, mais une des personnes rencontrées laisse entendre que le niveau de langage joue un rôle clé : « Une personne raconte une histoire abracada-brante, ça n'a même pas d'allure… le signalement, automatiquement, il n'est pas gardé » (B : 14).

Nous pourrions donc affirmer que, dans l'action, avant même qu'une expertise d'évaluation plus approfondie ait lieu, des mécanismes d'exclusion liés à des facteurs extérieurs aux situations entrent en ligne de compte.

Il faut se rappeler cependant que la procédure d'évaluation des plaintes, de par sa complexité, ne se limite pas toujours au simple jugement entretenu à la suite du premier coup de téléphone reçu. Un intervenant nous informait que des vérifications téléphoniques ont souvent lieu auprès des personnes faisant partie du milieu scolaire ou du milieu social auxquels les enfants signalés et leur famille sont rattachés. Il n'en demeure pas moins que, dans ces différents milieux, les informations divulguées risquent d'aller aussi dans le sens d'une évaluation de la crédibilité reliée au capital social des familles soupçonnées, la crédibilité se greffant plus à des jugements de valeur, encore là, qu'à la vérification de faits privés.

Les techniques d'aveu forcé

Nous avons déjà indiqué que des intervenants utilisent divers procédés pour faire « avouer » les pères présumés abuseurs sexuels. Ces techniques d'intimidation semblent surtout utilisées auprès de la clientèle plus démunie, moins capable d'y faire face ou encore de s'y opposer. C'est du moins ce qui ressort des témoignages des intervenants à propos de la clientèle desservie qu'ils décrivent comme plutôt défavorisée. Ajoutons aussi que les perceptions liées au capital social de l'abuseur peuvent entraîner des répercussions semblables à celles que nous avons décrites concernant le déclarant. Donc, les techniques d'aveu continueront d'être utilisées sans être contestées, dans la mesure où ceux qui les subissent ne jouissent pas d'une forte crédibilité sociale.

Toutefois, il ne faudrait pas passer sous silence l'ostracisme social qui règne à l'égard des abuseurs sexuels d'enfants, quel que soit leur statut social. Quiconque est officiellement présumé abuseur sexuel d'enfant aura peine à s'organiser pour remettre en question les techniques d'aveu utilisées ; aussi pouvons-nous supposer que, dans les circonstances, un individu choisira de se taire ou de subir les conséquences des procédures, estimant qu'une remise en question de la plainte pourrait entraîner une publicité tapageuse susceptible de lui nuire tout autant[22]. Le capital social d'un individu ne peut donc être une garantie suffisante pour la contestation de ce genre de procédures. Nous avons cependant envisagé la possibilité que,

---

22. En 1989, une série de chroniques parues dans *La Presse*, sous la plume du journaliste Pierre Foglia, présentait la situation d'une mère accusée d'abus sexuel auprès de sa fille (cas « Louise »). Le journaliste insistait pour convaincre ses lecteurs de l'innocence de la mère, en faisant voir l'odieux des démarches judiciaires et parajudiciaires entreprises contre elle. Il est à se demander si le sexe de la présumée « abuseuse » n'a pas attiré la sympathie du public. Si c'eût été le père qui fût accusé sous le motif d'avoir « embrassé la vulve de sa fille », les soupçons auraient-ils pu être estompés aussi facilement ? Le statut de mère pourrait dans ce cas devenir un « capital social » plus fort en cas de soupçons d'abus sexuel, que celui de père. Même si, en dernière instance, la mère en question fut innocentée (peut-être grâce aux révélations du journaliste), il n'est pas évident que celle-ci aurait osé publiquement dénoncer l'impasse dans laquelle elle se trouvait. Au contraire, elle semble avoir tenté à quelques reprises d'inciter l'audacieux journaliste à taire l'affaire.

dans les milieux mieux nantis, les situations d'abus sexuel soient moins visibles, donc qu'elles ne franchissent pas souvent l'étape de l'évaluation où des techniques d'aveu sont utilisées.

Les projections personnelles dans l'étiquetage d'abus sexuel

Le témoignage d'un intervenant nous incite à considérer la propension de certains intervenants à privilégier un problème plutôt qu'un autre au moment où des plaintes sont portées :

> Bien, t'as des majeurs et des mineurs [des forces et des faiblesses] pour les cas que tu reçois. Chacun a ses talents, chacun a ses habilités [sic]. La majorité des téléphones qu'on a c'est du niaisage… Un prend beaucoup de cas de viol, moi j'aime surtout les cas à risques et à danger, comme les cas de violence. Il y en a qui étouffent ça. Prends comme X lui, ses cas y virent toujours en inceste… Y, lui, c'est souvent des cas dépressifs. Ça dépend de tes majeurs puis de tes mineurs. S'il faut, tu manipules. (7B : 9)

Concernant la personne qui est décrite dans la citation comme étant plus encline que les autres à identifier des cas d'inceste, précisons que sa formation comporte un intérêt particulier pour les problèmes à dimensions sexuelles. Il est certain que le choix préalable d'un domaine d'étude particulier peut aussi conditionner la réponse qui sera apportée à des doléances ou du moins inciter l'intervenant à inscrire les doléances dans le champ plus spécifique de son savoir.

Un intervenant, par ailleurs, souligne que les hommes seraient moins portés que les femmes à identifier des cas d'inceste :

> Les praticiens mâles… ont plus de difficultés que les praticiens femelles à distinguer les cas d'inceste… y semblent vraiment pas laisser de place au fait que c'est un inceste, c'est comme quelque chose pour lequel ils n'ont pas de considération. (15 : 21)

Un autre témoignage nous a permis d'observer qu'un intervenant peut décider de fermer les yeux sur une situation qu'il croit être de l'abus sexuel. Ainsi, à propos d'une jeune fille qui lui faisait part de sa situation, un intervenant nous a confié avoir préféré inscrire dans son rapport que la jeune fille manifestait des troubles du comportement plutôt que de parler d'abus sexuel. Tout en insistant pour nous dire qu'il a cru ainsi « éviter le pire » à l'enfant, il estime que les enjeux dans les cas d'abus sexuel sont parfois trop graves pour que la situation soit dévoilée.

Il existe donc, d'après ces différents témoignages, des zones d'autonomie dans l'action des intervenants. Lors du processus d'enregistrement ou de formulation des plaintes, des facteurs incluant des jugements portés sur la clientèle desservie risquent d'influer sur le sort des «cas». Ainsi, certains intervenants feraient preuve d'une propension plus grande à désigner des cas d'abus sexuel. D'autres pourraient aussi choisir de ne pas voir ou d'ignorer ce problème. Plusieurs facteurs peuvent là encore conditionner ou favoriser l'action décisive des intervenants à propos d'une situation qu'ils définissent ou non comme étant de l'abus sexuel.

Le cheminement des plaintes : modifications et procédures spéciales

Tout comme il nous a été possible de détecter qu'il existe des zones d'autonomie dans l'action de formulation (désignation, enregistrement) des plaintes chez les intervenants, nous avons pu déceler, à partir de témoignages précis, le fait que certains intervenants décident de passer outre la trajectoire prévue pour les cas d'abus sexuel. Des modifications dans la présentation des dossiers peuvent alors se produire en prévision de ce que feront les prochains acteurs de renvoi. Nous verrons aussi l'importance de certains renvois privilégiés qui vont engendrer des modifications dans le cours normal du cheminement d'une plainte pour abus sexuel, voire qui favoriseraient en plus l'identification des cas d'abus sexuel. Différents éléments entrent en jeu dans les cas présentés. Mentionnons d'abord le fait que les intérêts professionnels liés au degré de spécialisation de l'intervenant de même que la propension à privilégier un problème plutôt qu'un autre inciteraient les intervenants à faire certaines transformations. Ensuite, les placements en centre d'accueil pourraient, dans certains cas, permettre d'éviter aux intervenants d'avoir à consacrer leur temps à des cas d'abus sexuel difficiles à prouver. De plus, n'oublions pas que ce sont des éléments structurels qui ordonnent ces actions ou encore qui risquent de les atténuer, voire de les transformer.

Nous avons déjà vu que, dans le cadre de la structure d'intervention actuelle, des renvois successifs sont prévus et ont lieu selon des modalités déterminées. Nous verrons maintenant, d'après certains témoignages, que dans les faits, des intervenants peuvent court-circuiter ou modifier la trajectoire type du cheminement des plaintes pour abus sexuel.

Des modifications dans la présentation des dossiers

L'intervenant qui semble manifester une propension plus grande que ses collègues à formuler des plaintes en matière d'abus sexuel considère qu'en général ces cas «dorment sur les tablettes», après avoir été acheminés à «l'équipe de jour». Il nous avoue avoir modifié, à la suite de certaines vérifications, la présentation qu'il faisait de ces «cas»:

> J'ai constaté que, quand j'envoyais des signalements à l'équipe de jour, qu'ils ne rappellent pas toujours les filles qui m'ont appelé pour des cas d'abus sexuel. Je pense que c'est les dernières affaires qu'ils veulent. J'ai vérifié deux ou trois cas, ils n'avaient pas donné suite, surtout quand je fais presque un roman avec un cas, plus je mets de détails, je pense qu'ils s'en occupent moins. Maintenant, j'écris juste le strict minimum. (7:8)

Si ces faits sont réels, la présentation même d'un dossier pourrait influencer la trajectoire d'une plainte. Ainsi, dans la mesure où un intervenant peut prévoir ce qui entre en jeu dans l'examen ultérieur d'une plainte, en tenant compte d'éléments strictement bureaucratiques (présentation succincte d'une plainte dans le cas présenté) et en dehors des aspects cliniques, il verra à faire certains changements dans les dossiers en vue de parvenir aux résultats qu'il souhaite.

Des procédures spéciales en vue de renvois à des spécialistes

À partir d'un exemple étudié précédemment, nous avons constaté qu'un des intervenants rencontrés occupait une fonction de spécialiste au sein de la structure d'intervention.

Selon son témoignage, environ la moitié des cas qui lui sont confiés sont acheminés «par la bande». Nous savons ainsi qu'il reçoit des cas en provenance d'autres régions administratives que celle à laquelle il est rattaché comme intervenant. Il spécifie que certains «abuseurs» ayant entendu parler de lui demandent à le rencontrer et y parviennent effectivement, et ce, même si ces personnes devraient normalement être confiées à d'autres intervenants. Il ajoute également que différents intervenants répartis dans plusieurs régions administratives lui réfèrent des cas qu'ils qualifient de «cas d'abus sexuel désespérés».

S'il est difficile d'établir exactement comment cela peut se produire, ce témoignage nous indique tout de même que des modifications dans la trajectoire type d'une plainte peuvent avoir lieu. Compte tenu qu'en principe la structure d'intervention incite à des renvois successifs devant être répartis selon le territoire d'appartenance des personnes en cause (abuseurs et enfants), et qu'en plus la spécialisation n'y prévaut point, nous constatons que les intervenants peuvent parvenir à contourner certaines règles officielles. Pour confier un cas d'abus sexuel au spécialiste dont il est question, des personnes au service de la structure d'intervention actuelle doivent user de procédures spéciales. Il s'agit là d'une procédure de renvoi en amont puisque les modifications ainsi faites ont nécessairement lieu antérieurement et en prévision d'un renvoi subséquent. Il n'est pas question ici de transformations relatives aux plaintes en tant que telles mais davantage de procédures spéciales concernant les mécanismes de renvoi.

En périphérie de Montréal, il existe une équipe d'intervenants qui ont, eux aussi, décidé de se spécialiser en matière d'abus sexuel. Nous en avons rencontré un membre qui tente de faire reconnaître officiellement la valeur de leur expertise. Avant de nous faire part du contexte d'émergence de ce mode particulier d'intervention, notre interlocuteur nous souligne avec humour que les paliers structurels en région peuvent laisser place à certaines initiatives : « Ici, on peut être délinquant jusqu'à la haute hiérarchie, de la haute hiérarchie vers la basse » (13 : 2).

Après avoir constaté ce qu'ils disent être « l'absurdité » du cloisonnement entre l'évaluation et la prise en charge, les intervenants de cette région auraient décidé de travailler ensemble. Ainsi, l'intervenant participe au processus d'évaluation même si, en principe, il n'est mandaté que pour la prise en charge. Dans ce contexte, les intervenants seraient parvenus à réduire considérablement les délais avant la prise en charge. Il précise à ce sujet :

> Il y a quelque temps, le délai entre la prise en charge et le signalement était aberrant. Maintenant, il est possible de traiter le signalement et de l'acheminer vers la prise en charge dans un délai d'environ trois jours ; dans certains cas, cela peut se faire le jour même. (13 : 6)

Toutefois, au moment de l'entrevue, cette performance s'était affaiblie. La raison évoquée : une avalanche de signalements se serait produite à la suite d'une publication d'articles faisant état de l'originalité de la nouvelle approche thérapeutique, dans un quotidien montréalais à fort tirage (*Le Journal de Montréal*). L'affluence des personnes voulant avoir recours à leurs services aurait, par la suite, décuplé. Les intervenants ont même accepté alors de « prendre en charge » des cas d'abus sexuel ne relevant pas de leur propre « territoire ». Cette publicité dans le journal visait surtout à promouvoir la nouvelle approche thérapeutique, d'après notre interlocuteur.

Pour expliquer le contexte d'émergence de la méthode thérapeutique, l'équipe évoque le fait que certaines pressions en provenance des supérieurs hiérarchiques l'ont incitée à produire un rapport :

> On se faisait interpeller constamment par la direction... Puis, finalement, avec la question des transferts d'effectifs des CLSC qui remonte à peu près en décembre 83, la première fois que ça été discuté [...]. Dans les circonstances où on parle que les effectifs de la protection de la jeunesse se feraient [seraient transférés] dans les CLSC. [...] Les abus sexuels c'est ici que c'est le plus développé... On en a finalement écrit un programme. (13 : 16-17)

L'une des recommandations principales du rapport qui a résulté de l'étude réalisée consistait à faire reconnaître comme officiel le programme proposé : « Il faut le reconnaître comme le programme du CSS pour permettre à d'autres de se baser dessus puis à l'implanter ailleurs » (13 : 18).

Les auteurs du rapport voulaient aussi que le traitement proposé soit reconnu à une échelle régionale. À ce sujet, les motivations telles que notre interlocuteur nous les présente avaient trait explicitement à la volonté d'avoir une clientèle suffisante pour la bonne marche du traitement :

> ... on craignait à ce moment-là : « Ça se peut qu'on ait eu une montée de ces cas-là [abus sexuels], pis que tout à coup ça tombe. » Si c'est le cas, on aura vraiment pas assez de clients pour implanter notre programme. Tu vas voir quand tu regardes le programme. C'est très complexe, c'est très difficile à mener de front, mais ça vaut la peine. Il faut assez de monde pour que ce soit vraiment en branle. C'est qu'il y a bien des groupes qui marchent en même temps et bien des activités en thérapie. [...] On a une bonne affaire qui marche, ça prend des clients pour la faire marcher. Alors, on a recommandé que le traitement des cas soit reconnu à un niveau régional. Si, un moment donné, on est débordé, on est débordé... (13 : 18-19)

La recommandation visant à élargir leurs responsabilités est restée lettre morte. Notre interlocuteur a donc réclamé l'appui de certaines personnes réputées s'intéresser aux cas d'abus sexuel ou ayant une certaine crédibilité en la matière. Il précise que certaines d'entre elles ont accueilli sa demande d'appui avec une certaine froideur. Il impute cette attitude au fait qu'elles avaient intérêt à appuyer d'autres programmes émanant plus spécifiquement de leur entité administrative.

Malgré ces obstacles, le programme mis sur pied continue tout de même de bien fonctionner et que, selon toute vraisemblance, « les cas d'abus sexuel » ne sont pas en perte de vitesse :

> Ce qui s'est passé, c'est que cette recommandation a pas passé. C'était pas juste comme une vague passagère... Déjà avec qu'est-ce qu'on a, on est capable de faire marcher le programme. Ça paraît drôle de parler comme ça, mais tu vas voir que par le type de programme qu'on a... ça roule comme un système. (13 : 20)

Le témoignage dont nous venons de vous faire part est plus complexe que le précédent qui avait aussi trait à la spécialisation. Il nous permet de constater que les modifications des intervenants consistent, ici, à la fois à faire valoir une forme de traitement et à répondre à des impératifs de gestion liés aux caractéristiques et modalités structurelles. Pour fonctionner, la structure d'intervention doit nécessairement réclamer puis justifier des budgets, du temps, etc. Par l'intermédiaire des administrateurs, il arrive que ces exigences soient évidentes. Le processus définitionnel se situe ici aux confins de l'intérêt professionnel par rapport aux exigences structurelles.

C'est pourquoi ceux qui tentent de mettre en pratique un nouveau traitement qui requiert un nombre suffisant de cas pour bien fonctionner essaient par toutes sortes de stratégies de provoquer les signalements. Entre autres choses, ils peuvent exercer une certaine influence sur les intervenants qui reçoivent les plaintes en participant activement au processus d'évaluation et en favorisant ainsi les signalements pour abus sexuel. Il s'agirait ici d'une procédure de renvois en aval, puisque ceux-là même à qui les cas seront référés participent activement à ces renvois ; en d'autres termes, c'est par prévision et surtout par besoin qu'ils agissent eux-mêmes en vue précisément de récupérer à leur endroit des renvois pour abus sexuel.

Des modifications en vue de placements en centre d'accueil

Nous allons maintenant nous attarder à faire l'étude d'un entretien réalisé auprès d'une personne responsable de placements en centre d'accueil pour la région de Montréal.

En premier lieu, notre interlocuteur nous informe d'une directive officielle qui nous échappait jusqu'alors. En principe, les intervenants mandatés pour la prise en charge de « cas » explicitement désignés comme étant des abus sexuels ne doivent pas demander de placement en centre d'accueil pour les jeunes victimes. Cette directive nous apparaît correspondre à une certaine optique véhiculée tant dans les milieux scientifiques que dans le milieu d'intervention, selon laquelle les enfants ne doivent pas être isolés ou retirés de leur milieu, par suite de « l'abus sexuel ». On avance, pour défendre cette position, que l'enfant pourrait y voir là une forme de punition. Précisons également que l'un des grands principes fondamentaux de la *Loi sur la protection de la jeunesse* consiste en la nécessité de trouver des mesures permettant à l'enfant de continuer à vivre dans son milieu naturel.

Malgré ce principe, le responsable de placements que nous avons rencontré est convaincu qu'une bonne partie des jeunes qu'il place en centre d'accueil ont vécu des situations incestueuses. Il va même jusqu'à dire que les praticiens qui demandent des placements en centre d'accueil camouflent ou maquillent la présentation des motifs pour le placement. Le plus souvent, ils évoqueraient le fait que les enfants sous leur responsabilité manifestent des troubles sérieux du comportement, qu'ils devraient être placés à cause de leurs fugues répétées, ou encore à cause de leur absentéisme scolaire. C'est à partir de son intuition et de son expérience clinique que notre interlocuteur pense pouvoir en arriver à flairer ce « genre d'affaires » où, selon lui, les praticiens contournent la prise en charge des « situations d'abus sexuel ». À ce sujet, il est tout de même d'avis que les intervenants ont raison d'agir ainsi :

Les liens ne sont pas suffisamment clairs pour qu'ils puissent vraiment dire que c'est un cas d'inceste. Alors, ils sont obligés de maquiller un peu la situation. Je ne les blâme pas vraiment dans le sens que, s'ils me disaient que c'est un cas d'inceste, moi je leur donnerais pas la place, ce serait quasiment certain. D'un autre côté, s'ils disent que c'est un cas d'inceste puis qu'ils vont à la cour prouver un inceste, c'est pas facile. Puis la fille risque de dire que c'est pas un inceste puis que c'est la praticienne qui invente cela. Elle risque en tout temps de changer son chapeau de bord, la fille, donc c'est bien mal aisé pour la praticienne de déclarer officiellement que c'est un inceste, donc pendant le temps où ils vont en centre d'accueil, en transition... ils l'envoient là pour justement obtenir une évaluation plus complète des troubles que la fille présente. S'il y a inceste, ils vont fouiller ça. C'est l'espoir qu'ils me donnent. (15 : 16)

Par ailleurs, le responsable de placements s'inquiète de ce qui peut arriver aux jeunes filles qu'il croit être davantage des victimes d'inceste que des enfants manifestant des troubles du comportement :

Bien là je leur dis : « Si tu me dis pas que c'est un cas d'inceste, alors le centre d'accueil qui va s'en occuper de cette fille-là, ils vont [la traiter] pour les troubles du comportement qu'elle montre, la mettre en chambre trois jours, puis ils vont la conditionner comme ça, mais ils ne traiteront jamais l'inceste. » (15 : 26)

Pour souligner la gravité d'un placement en centre d'accueil, il mentionne aussi que souvent ce placement dure longtemps :

Là ils te demandent un placement dans un centre d'accueil pour 31 jours. C'est un autre mois, puis après un autre mois, c'est encore le placement en centre d'accueil. (15 : 25)

Cet interlocuteur, même s'il dit comprendre les intervenants qui évoquent d'autres motifs de placement que ceux de l'inceste ou de l'abus sexuel, tente quand même d'éviter certains placements en centre d'accueil. Pour ce faire, il doit user d'une stratégie adaptative reliée à sa position et tenir compte de certains mécanismes structurels. S'il s'opposait explicitement à la demande de placement en évoquant que la situation présentée ne peut faire l'objet d'un placement parce qu'elle comporte une dimension incestueuse, il se trouverait à s'opposer par le fait même au jugement des intervenants qui réclament le placement. En pareil cas, selon les mécanismes structurels prévus, le litige serait confié aux chefs de division de l'intervenant et du responsable qui a refusé le placement. Cette procédure comporte de nombreux inconvénients. Il est alors beaucoup plus simple pour le responsable de refuser le placement en prétextant qu'il n'y a pas de place disponible :

Parce que cliniquement parlant, c'est le chef de division qui a le dernier mot. Là, si je conteste, je vais voir mon chef de division, on ne verra jamais la fin, ni moi, ni lui. Alors, comme dit mon chef de division, on va pas s'enfarger dans les fleurs du tapis. Alors je me ramasse des critères administratifs, si j'ai pas de place, je peux toujours dire : « Écoute, ta fille, je peux pas la prendre j'ai pas de place... » Moi, c'est la seule défense que j'ai pour les cas d'inceste. (15 : 35)

Cette façon de se défendre contre certains placements et de contourner certains problèmes reliés à la structure ne peut pas être généralisée à tous les responsables de placements. D'ailleurs, notre interlocuteur le précise :

Moi, je placerais pas [telle personne] en centre d'accueil, personnellement ; si c'était un autre praticien, y pourrait la placer, moi je la placerais pas. C'est vraiment une question de formation, c'est aussi une priorité. Les objectifs de la boîte sont clairs. (15 : 35)

On voit ainsi l'importance de la position personnelle de l'intervenant dans les opérations de renvoi qu'il choisira d'effectuer et d'adapter.

Dans l'ensemble, ce témoignage est complexe. Nous serions piégée d'adhérer complètement à l'hypothèse sous-jacente, celle de camouflage de la part des intervenants, principalement en raison de l'intérêt que nous accordons au caractère interprétatif de toute situation ou mieux de la description qui en est faite. L'intervenant chargé de placements en centre d'accueil suppose que plusieurs des cas qui lui sont soumis pour être admis en centre d'accueil sont des cas d'inceste ou d'abus sexuel. Nous ne pouvons perdre de vue ici la possibilité qu'a cet intervenant (selon sa formation et sa position) de transformer certains indices en des points de repère sûrs, dans un processus de « reconnaissance des cas d'abus sexuel ». Cette tendance n'est pas singulière. Par contre, il a aussi été question, au cours d'entretiens avec trois autres intervenants, de placements en centre d'accueil de jeunes désignés comme victimes d'abus sexuel. Un intervenant, bien qu'à mots couverts, s'exprimait en ces termes :

Ça dépend de facteurs organisationnels. Dépendamment de la personne, des dossiers, du temps dont elle dispose, tu peux soit aller au plus urgent, éviter que la jeune soit encore abusée, donc l'éloigner du milieu, ou alors avoir le temps d'investir dans la famille de sorte que ça ne se reproduise plus. (9 : 3)

Deux autres personnes parmi celles rencontrées mentionnaient en plus l'éventualité de placements, mais dans un contexte où s'étaient manifestés des doutes (en cours d'expertise) quant à la véracité des abus chez les jeunes qui les signalaient.

À la lumière de ces témoignages, nous devons admettre qu'il est possible que dans certaines situations, les intervenants optent pour des placements en centre d'accueil alors même que des directives structurelles l'interdisent. Il est difficile d'évaluer dans quelle mesure cette pratique est répandue.

LES LIMITES DU POUVOIR D'ÉTIQUETAGE DES INTERVENANTS IMPOSÉES PAR LA STRUCTURE

Même si nous avons mis plus tôt l'accent sur les zones d'autonomie que s'approprient les intervenants dans la formulation des plaintes, mentionnons que ceux-ci demeurent soumis aux définitions et aux catégories légales et administratives, par l'obligation structurelle d'inscrire les situations-problèmes dans un registre conceptuel donné. Un intervenant, par exemple, nous a fait part de la complexité du choix au moment de « cocher une case plutôt qu'une autre » dans les formulaires existants :

> ... tu recevais un signalement, bon quelqu'un recevait le signalement ou les plaintes... toi tu t'en allais avec ça avec une feuille, un bout de papier, fallait que tu fasses ce que l'on appelle une vérification ou une analyse, c'est toi qui déterminais si c'était un cas. Tu posais un diagnostic, le diagnostic était vu par le Comité qui disait ben oui ce cas-là, ça en est un, ça en est pas, mais comme le signalement partait d'abus sexuel, parfois t'avais des cas de signalements d'abus physique ou d'abus de négligence, puis ça tournait en cas d'abus sexuel, très souvent aussi tu avais des mélanges des trois. C'est pas si catégorique que ça, tu avais des cas clairs de négligence, mal nourri, mal logé, mal habillé, des parents qui s'occupent plus ou moins bien de leurs enfants. Pas d'abus physique, pas d'abus sexuel, de la grosse négligence, t'avais des cas d'abus physique clairs, où t'avais pas d'abus sexuel. Tu bats l'enfant mais t'as jamais abusé sexuellement de lui. Il y avait des cas de négligence, d'abus physique, d'abus sexuel, des fois les trois, alors avec le temps, ce qui l'a déterminé, c'est la pratique, on s'est ramassé nous autres les professionnels, pis on se demandait dans quelles petites cases, comme si on allait mettre ça dans une petite case, c'est-tu un cas d'abus, un cas de négligence ou d'abus sexuel ou bien un cas de quelque chose... (17 : 39)

De plus, l'action décisive quant à la formulation d'une plainte n'est pas du ressort exclusif de la première personne qui reçoit la plainte ; des transformations continueront de se produire jusqu'à la fin du processus. Il a été question dans une autre entrevue des « cas en litige », c'est-à-dire des cas où divers intervenants n'arrivent pas à s'entendre sur la désignation d'une situation. Il reviendrait alors à l'adjoint officiel du directeur de la protection de la jeunesse de décider. À ce sujet, notre interlocuteur nous tient les propos suivants : « Dans ce dernier cas, on demande au contentieux d'entériner le tout. Pour ce faire, on a parfois recours à d'autres motifs et ainsi la requête est parfois biaisée ». (C : 6)

Il existe donc des limites structurelles qui conditionnent, jusqu'à un certain point, l'action ou la marge d'autonomie des intervenants dans le processus définitionnel. De plus, des modifications dans les dossiers pourraient se produire à différents paliers structurels.

Par ailleurs, nous savons que les deux caractéristiques structurelles qui consistent en la compartimentation des fonctions et la multiplicité des renvois tendent à limiter le pouvoir définitionnel individuel.

BILAN :
LA MARGE DE MANŒUVRE DANS L'ACTION
ET LE POIDS DES CONJONCTURES
BUREAUCRATIQUES

Nous allons d'abord présenter trois considérations d'ordre général, relativement à ce qui a été soulevé jusqu'à maintenant dans ce chapitre. Ensuite, nous pourrons discuter des fondements et des aboutissements de notre analyse.

Premièrement, la description de situations concrètes d'intervention en matière d'abus sexuel rend beaucoup plus difficile le traitement distinct des rapports entre le sujet intervenant, la structure d'intervention et l'abus sexuel. C'est effectivement dans l'action que ces différents éléments s'entre-mêlent le plus. **La praxis installe un chevauchement entre des positions individuelles et la soumission à des impératifs structurels.**

Deuxièmement, nous voulons souligner la dichotomie entre les perceptions générales entourant l'abus sexuel et les pratiques telles quelles. Il existe une différence fondamentale entre la « description idéale » de la relation dite incestueuse, par exemple, et les distorsions, opérées en dehors de la présence de signes cliniques, qui font qu'une situation conflictuelle pourrait être désignée comme étant un cas d'abus sexuel. Ainsi, des facteurs ayant surtout trait au type de clientèle desservie peuvent influencer la définition de l'abus sexuel ; de même, la propension chez certains intervenants à enregistrer des doléances sous le terme de l'abus sexuel va nécessairement influer sur l'occurrence du nouveau problème. Nous pouvons donc avancer que le processus définitionnel de l'abus sexuel ne repose pas strictement sur des conditions objectives reliées à des logiques externes aux appareils ou détachées des conditions de travail des agents de contrôle social : **les sujets intervenants participent concrètement à la définition de l'abus sexuel.**

Troisièmement, nous tenons à rappeler que nous avons dû nous limiter à l'étude de situations d'intervention spécifiques et éparses. Les opérations de renvoi relèvent de la sociologie du non-dit. On pourrait même se surprendre du fait que des intervenants aient accepté de nous révéler des incidents qui comportaient une part d'autocritique vis-à-vis de leur travail. Nous ne pouvons évaluer dans quelle mesure ces états ou intuitions se répètent. Nous les avons décortiqués, non pas en vue d'en exagérer le poids, mais afin d'en repérer les traces qui deviennent, par leur cumul, des indices nouveaux permettant d'analyser les problèmes sociaux à partir d'un discours différent.

Soulignons d'abord le fait que la position des agents intervenants, compte tenu de leurs représentations de la structure d'intervention, les incite à user de diverses stratégies pour contourner certaines directives officielles. Ils peuvent ainsi se préserver d'un assujettissement total aux impératifs bureaucratiques. De fait, nous avons pu voir que la vision négative entretenue à propos de la structure d'intervention peut s'estomper dans la mesure où les agents perçoivent la possibilité d'une certaine marge de manœuvre dans l'action. Ce que nous inscrivons comme faisant partie d'un mode d'adaptation à l'institution peut avoir pour effet de reproduire certaines inégalités sociales.

Pour que se manifeste chez les intervenants la possibilité de profiter de zones d'autonomie dans le processus d'enregistrement et de formulation des plaintes, encore faut-il que les individus qui portent plainte soient malléables. Nous ne saurions trop insister ici sur le pouvoir de la parole. Présentés comme faisant partie d'une clientèle soi-disant « défavorisée », « carencée », « désaculturée », les individus qui téléphonent le plus souvent ne semblent pas posséder, surtout par rapport aux catégories conceptuelles qui déterminent les motifs officiels de l'intervention, d'outils linguistiques leur permettant de désigner eux-mêmes leurs problèmes. Ajoutons que les personnes qui portent plainte ne formulent pas toujours leurs doléances sous la forme d'un problème précis, alors que les plaintes sont subdivisées et calculées en fonction de leur caractère supposé spécifique au point de départ. Ces faits entrent en contradiction avec l'image qui nous est généralement présentée des problèmes sociaux à travers leur incidence statistique.

Aussi, l'opération permettant à la personne qui reçoit la plainte d'identifier le problème en cause dans la situation qui lui est présentée, ou encore d'insister sur une dimension plutôt que sur une autre, revêt-elle une importance majeure dans l'enregistrement ou la formulation de la plainte. Plusieurs aspects entrent alors en jeu. Nous avons pu voir que certains intervenants ont tendance à insister sur les dimensions qui leur sont plus familières ou pour lesquelles ils se sentent plus aptes à composer. Il reste à savoir pourquoi. Nous pourrions insister longuement sur l'effet de certains traits de personnalité dans ce processus sélectif d'identification d'un problème plutôt que d'un autre, ce qui n'est point de notre ressort ou encore de nos compétences. Il y a certes aussi une question de valeurs ou de vision du monde qui incite chaque intervenant à mettre l'accent sur tel ou tel aspect.

En raison de ses lacunes linguistiques, la clientèle qui serait le plus souvent desservie au sein de la structure d'intervention pourrait facilement se prêter à une désignation de sa situation selon les conditions de travail et la position des intervenants. Dans cette optique, les mots utilisés par ces personnes pour décrire les problèmes de gens démunis pourraient relever du vocabulaire propre aux intervenants qui ont le pouvoir de formuler les doléances sous des termes particuliers.

Nous avons vu aussi que certains intérêts professionnels reliés à la prise en charge spécialisée peuvent favoriser la désignation d'abus sexuel pour des actes commis. Dans un tel cas, des courts-circuits dans la trajectoire de renvoi des plaintes peuvent se produire. Dans d'autres cas, les intervenants pourraient transformer des plaintes formulées comme étant des situations d'abus sexuel et les enregistrer sous un autre terme en vue de placer les jeunes dans des institutions. De telles procédures nous amènent à conclure que le processus de désignation de l'abus sexuel comme problème social est d'abord tributaire de ces processus d'exclusion et d'inclusion de situations-problèmes, bien plus qu'il ne relève strictement d'un examen objectif d'un événement précis de victimisation.

La structure d'intervention laisse donc place à la possibilité pour les intervenants d'user d'une certaine marge d'autonomie ; de plus, dans certains cas, des impératifs de gestion (le maintien des masses budgétaires et l'accroissement de la clientèle) de même que des mécanismes incitatifs vont favoriser des renvois ou des actions contraires aux principes de fonctionnement en vigueur. Par contre, la multiplicité des renvois agira en atténuant certaines stratégies individuelles. Puisque plusieurs intervenants ont à examiner les doléances, de multiples transformations et interprétations peuvent avoir lieu. Ainsi, le pouvoir définitionnel individuel s'en trouve à la fois limité et enrichi. C'est donc la somme des activités d'interprétation et de renvoi qui donnera une forme définitive à des situations. Au bout du compte, la désignation de l'abus sexuel, en tant que tel, est le fruit de ce processus.

Enfin, il ne faut pas perdre de vue que la compartimentation et l'isolement de l'acte professionnel donnent prise à un discours unifié relativement à l'objet et à un aveuglement quant à l'influence de la praxis dans la définition du problème. Nous avons déjà posé l'idéal de protection comme un moteur incitant à l'action et pouvant contribuer à une occultation générale par rapport à l'intervention comme objet, et ce, dans le sens où, quels que soient les dispositifs repérables de l'action ou plutôt quelles qu'en soient les vicissitudes, les tendances discursives les plus fortes vont s'y référer comme justification ultime. **Poser cet idéal comme un décrochage du réel serait hasardeux. De quel réel est-il question ? Il s'agit plutôt d'autres réalités représentées par des impératifs liés à l'action dans des sphères parfois éloignées de la poursuite d'un idéal ou de l'idéal type que sous-tend, d'ordinaire, la connaissance phénoménologique d'un problème social et du contrôle qu'il est supposé réclamer.**

Chapitre 5

La face cachée des statistiques connues sur les abus sexuels ⸺

Notre analyse de la définition de l'abus sexuel dans le contexte bureaucratique et professionnel au Québec nous incite à procéder à une analyse en profondeur des statistiques produites pour décrire l'ampleur du problème.

D'abord, nous croyons être en mesure d'avancer que les statistiques sur les abus sexuels reflètent principalement la position et les activités des personnes qui ont le pouvoir de définir ou de désigner les actes d'abus sexuel dans le cadre spécifique d'une structure d'intervention. Nous ne pensons pas que les statistiques font état de l'incidence réelle des abus sexuels. Leur analyse, à partir de l'étude du discours des intervenants, permettra de saisir ce dont les relevés statistiques témoignent par rapport à la réalité qu'ils laissent généralement supposer.

Plusieurs auteurs en sciences sociales ont déjà amorcé, il y a plusieurs années, un mouvement critique visant à contester la valeur des statistiques en regard de la criminalité et des problèmes sociaux. Cependant, ce mouvement s'est surtout attaché à démontrer l'existence d'un chiffre noir quant au nombre « réel » de situations criminelles ou conflictuelles enregistrées.

Des chercheurs ont, par ailleurs, déployé des efforts en vue de clarifier certains problèmes relativement à l'utilisation des statistiques criminelles. Toutefois, les recherches fondamentales visant à démontrer ce que mesurent plus précisément les statistiques criminelles sont rares.

Robert (1977) a avancé, au sujet de ces statistiques, que leur signification repose sur les mécanismes à la base de leur production. Même si les statistiques en matière d'abus sexuel ne peuvent être littéralement considérées comme des statistiques criminelles, elles correspondent à des données recueillies sur un problème de déviance aux normes, ce qui leur confère un statut similaire.

Nous nous inscrivons dans l'optique de Robert (1977) pour notre analyse des statistiques sur les abus sexuels. Nos entrevues, de même que la consultation de documents officiels, nous ont permis de saisir trois mécanismes fondamentaux qui permettent de repérer des éléments inhérents à la production des statistiques sur les abus sexuels au Québec. Ce sont les suivants :

1) la position des personnes ou de l'organisme colligeant les statistiques ;

2) la transmission de l'information au sein de la structure ;

3) la position des intervenants relativement à la désignation.

Nous commencerons par reproduire cinq tableaux que nous avons retenus pour notre analyse. Nous tenterons ensuite de faire ressortir le rôle joué par le Comité de la protection de la jeunesse dans la production de relevés statistiques en matière d'abus sexuel au Québec. Nous verrons que ceux et celles qui ont colligé les statistiques les plus prégnantes sur les abus sexuels ont adopté une position alarmiste qui se répercute directement dans les relevés statistiques produits et l'interprétation sous-jacente ; par conséquent, elle agit également sur la connaissance que nous avons au Québec de ce « nouveau problème social ».

La seconde partie du chapitre a trait à la nécessité pour différentes entités administratives de coopérer entre elles dans la collecte des données inhérentes à la production de relevés statistiques. Ce mécanisme est fort complexe. Nous avons appris que les données recueillies jusqu'à maintenant ne reposent pas nécessairement sur un mode de transmission automatique. Des agents appartenant à diverses entités administratives se communiquent donc les informations par différents moyens. De plus, même si la transmission de l'information est obligatoire, des interprétations différentes de l'abus sexuel peuvent ressortir dans la communication des données.

Les personnes qui ont recueilli les données devant servir à l'élaboration des relevés statistiques majeurs sur les abus sexuels au Québec ont tenté d'atténuer certaines ambiguïtés. Cependant, il reste que la transmission de l'information peut être compromise. Dans la mesure où l'organisme qui recueille les données exerce un contrôle sur l'intervention, il se peut que l'information divulguée soit altérée ou réduite à son strict minimum.

Ces éléments mis ensemble font de la transmission de l'information un mécanisme indissociable de la compréhension des statistiques émises sur une question sociale. Le degré de collaboration entre différents groupes dans le processus de divulgation de l'information se reflète en effet directement dans les statistiques produites.

Dans la troisième partie du chapitre, nous réitérerons nos considérations sur l'importance de la position des intervenants dans la formulation des abus sexuels. Bien qu'ils demeurent soumis, jusqu'à un certain point, à des contraintes structurelles et qu'ils répondent de l'incitation à désigner ce nouveau problème, nous pouvons affirmer que les statistiques émises dépendront aussi de leurs initiatives personnelles à désigner comme telles des situations-problèmes. Nous relaterons un exemple concret où les statistiques sur les abus sexuels semblent s'être modifiées à la suite d'initiatives d'intervenants qui prêtaient au problème une nouvelle importance en fait d'intervention.

Enfin, nous tenterons de démontrer à quel point ces mécanismes sont interreliés et nous soulignerons l'importance, pour la structure d'intervention, de ces relevés statistiques tels que produits et diffusés.

DES STATISTIQUES CONNUES ⸻⸻⸻⸻

Nous allons maintenant reproduire cinq tableaux statistiques qui nous permettront de préciser certains éléments relatifs aux conditions de production des données colligées. Les trois premiers tableaux relatent principalement l'incidence des cas d'abus sexuel et ont été publiés à différentes périodes (le tableau 5.1. en 1977 ; le tableau 5.2 en 1982 ; le tableau 5.3 en 1984). Les deux derniers ont trait plus précisément à la répartition régionale de l'incidence des cas d'abus sexuel et ont été publiés à quelques années d'intervalle (le tableau 5.4 en 1981 ; le tableau 5.5 en 1984). Tous ont été conçus par le Comité de la protection de la jeunesse.

Tableau 5.1.   *Répartition des enfants maltraités selon la nature des mauvais traitements (incidence, 1977)*

		N = 358	
		F	%
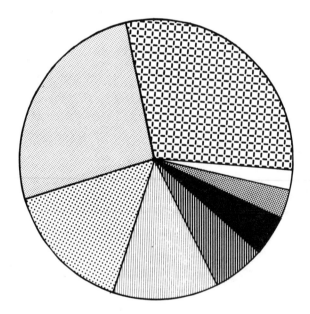 Abus physique		114	31,8
Abus sexuel		13	3,6
Négligence		109	30,4
Risque élevé		59	16,5
Abus physique et abus sexuel		3	0,8
Abus physique et négligence		37	10,3
Abus sexuel et négligence		5	1,4
Négligence et risque élevé		18	5,0

Source: Comité pour la protection de la jeunesse (1977), *Premier rapport d'activités*, gouvernement du Québec, p. 73.

Tableau 5.2.   *Nature des sévices identifiés dans les signalements d'enfants maltraités (38f) reçus au CPJ en 1979, 1980, 1981 (incidence)*

	1979		1980		1981		TOTAL	
	N	% (V)	N	% (V)	N	% (V)	N	% (V)
Abus physique	2 292	54,6	2 115	57,2	1 704	56,8	6 111	56,2
Négligence	488	11,7	260	7,0	136	4,5	884	8,1
Abus sexuel	541	12,9	633	17,1	690	23,0	1 864	17,1
Abus physique et négligence	434	10,4	354	9,6	236	7,9	1 024	9,4
Abus physique et sexuel	66	1,6	102	2,8	86	2,9	254	2,3
Autres	214	5,1	217	5,7	142	4,7	573	5,3
Pas d'information	142	3,6	16	0,6	5	0,2	163	1,5
TOTAL	4 177	100%	3 697	100%	2 999	100%	10 873	100%
TOTAL DES ABUS SEXUELS (excluant les autres)	**607**	**14,5**	**735**	**19,9**	**776**	**25,9**	**2 118**	**19,4**

Source : Commission parlementaire spéciale sur la protection de la jeunesse (1982), *Quelques données de base empiriques et scientifiques*, II, p. 118.

Tableau 5.3.   *Nombre et nature des cas de mauvais traitements acheminés au CPJ en 1978, 1979, 1980, 1981 (incidence)*

Nature des sévices signalés	Familles	1978 Enfants *		1979 Enfants		1980 Enfants		1981 Enfants	
	N	N	%	N	%	N	%	N	%
Abus physiques	1 202	2 199	43,2	2 292	56,8	2 115	57,5	1 705	56,9
Négligence	695	1 272	25,0	488	12,1	260	7,0	122	4,0
Risques élevés	271	496	9,8	—	—	—	—	—	—
Sévices multiples	406	743	14,6	541	13,4	463	12,6	366	12,2
Abus sexuels	207	379	7,4	714	17,7	843	22,9	806	26,9
TOTAL (38f)	2 781	5 089	100,0	4 035	100,0	3 681	100,0	2 999	100,0

* Les études du CPJ établissent à 1,83 la moyenne d'enfants signalés par famille ; cette moyenne a été appliquée systématiquement ici pour déterminer le nombre d'enfants.

Source : Messier, C. et J. de Champlain (1984), *La protection sociale des victimes d'abus sexuel*, Comité de la protection de la jeunesse, Québec, ministère de la Justice, p. 20.

Tableau 5.4.   *Répartition régionale des enfants victimes d'abus sexuel,
comparativement à tous les enfants maltraités de l'étude
et à tous les enfants québécois pour lesquels une allocation
familiale ou scolaire est versée (en mars 1969)*

Région	Abus sexuels		Tous les enfants de l'étude		Tous les enfants québécois	
Enfants concernés	N	%	N	%	N	%
Montréal-Laval	11	**47,8**	208	34,7	491 475	27,8
Rive-Sud de Montréal	2	8,7	77	12,9	302 866	17,1
Québec	1	4,3	110	18,3	285 430	16,2
Laurentides-Lanaudière	—	—	47	7,8	150 213	8,5
Mauricie-Bois-Francs	2	8,7	56	9,3	122 369	6,9
Saguenay-Lac-St-Jean	—	—	21	3,5	95 828	5,4
Outaouais	1	4,3	23	3,8	86 728	4,9
Gaspésie-Bas-St-Laurent	5	**21,7**	34	5,7	70 245	4,0
Estrie	—	—	7	1,2	69 609	3,9
Nord-Ouest	—	—	8	1,3	51 038	2,9
Côte-Nord	1	4,3	9	1,5	41 421	2,4
Autres : Nouveau-Québec, hors-province, hors-Canada et « on ne sait pas »	—	—	—	—	54 085	—
TOTAL	23	100,0	600	100,0	1 821 307	100,0

Source :   Comité de la protection de la jeunesse (1981), *L'enfance maltraitée, ça existe aussi
au Québec*, Québec, ministère de la Justice, p. 45.
Tiré de : *Régime des allocations familiales du Québec. Rapport annuel 1978-1979*,
Tableau 2, mars 1979.

Tableau 5.5. *Nature des abus signalés selon la région (répartition régionale, 1984)*

Nature des abus signalés	Bas St-Laurent-Gaspésie		Saguenay-Lac-St-Jean		Québec		Mauricie-Bois-Francs		Estrie		Côte-Nord		Regroupement Est	
	N	%	N	%	N	%	N	%	N	%	N	%	N	%
Abus sexuels	8	89	18	78	52	70	23	74	14	88	7	78	122	75
Abus sexuels et abus physiques	1	11	5	22	11	15	6	20	1	6	1	11	25	15
Abus sexuels et négligence	—	—	—	—	4	5	1	3	1	6	—	—	6	4
Abus sexuels, physiques et négligence	—	—	—	—	2	3	1	3	—	—	1	11	4	2
Abus sexuels et prob. autres	—	—	—	—	1	1	—	—	—	—	—	—	1	1
Prostitution/exploitation	—	—	—	—	4	5	—	—	—	—	—	—	4	2
Jeune abuse sexuelle-ment des autres	—	—	—	—	1	1	—	—	—	—	—	—	1	1
Autres	—	—	—	—	—	—	—	—	—	—	—	—	—	—
TOTAL	9	100	23	100	75	100	31	100	16	100	9	100	163	100

(Québec : accolade 24 %; Mauricie-Bois-Francs : accolade 26 %)

Source : Messier, C. et J. de Champlain (1984), *La protection sociale des enfants victimes d'abus sexuel. Où en sommes-nous au Québec ?*, Comité de la protection de la jeunesse, Québec, ministère de la Justice, p. 86.

Tableau 5.5. *Nature des abus signalés selon la région (répartition régionale, 1984) (suite)*

Nature des abus signalés	Montréal-Métro N	Montréal-Métro %	Montréal-Ouest N	Montréal-Ouest %	Richelieu N	Richelieu %	Laurentides-Lanaudière N	Laurentides-Lanaudière %	Nord-Ouest N	Nord-Ouest %	Outaouais N	Outaouais %	Regroupement Ouest N	Regroupement Ouest %
Abus sexuels	41	72	27	93	33	64	52	90	14	100	26	84	193	80
Abus sexuels et abus physiques	10	**18**	2	7	9	**18**	3	5	—	—	1	3	25	10
Abus sexuels et négligence	2	3	—	—	1	2	2	3	—	—	4	13	9	4
Abus sexuels, physiques et négligence	1	2	—	—	3	6	1	2	—	—	—	—	5	2
Abus sexuels et prob. autres	1	2	—	—	1	2	—	—	—	—	—	—	2	1
Prostitution/exploitation	—	—	—	—	1	2	—	—	—	—	—	—	1	1
Jeune abuse sexuellement des autres	—	—	—	—	—	—	—	—	—	—	—	—	—	—
Autres	2	3	—	—	3	6	—	—	—	—	—	—	5	2
TOTAL	57	100	29	100	51	100	58	100	14	100	31	100	240	100

(Montréal-Métro : accolade regroupant ces lignes = 25 %)

(Richelieu : accolade regroupant ces lignes = 28 %)

Source : Messier, C. et J. de Champlain (1984), *La protection sociale des enfants victimes d'abus sexuel. Où en sommes-nous au Québec ?*, Comité de la protection de la jeunesse, Québec, ministère de la Justice, p. 86.

LA POSITION DE L'ORGANISME
COLLIGEANT LES STATISTIQUES

L'élaboration des statistiques sur les abus sexuels au Québec s'est principa-lement réalisée au sein du Comité de la protection de la jeunesse. Le Comité, relevant du ministère de la Justice du Québec, a réalisé plusieurs études dans lesquelles l'incidence des abus sexuels est présentée de façon détaillée.

Selon le mandat qui lui était confié par la *Loi sur la protection de la jeunesse*, au cours de la période que nous avons étudiée, le Comité devait notamment favoriser la protection des enfants victimes d'abus sexuel et remplir aussi un rôle d'enquêteur. Pour toute situation où les droits d'un enfant étaient lésés par des personnes, des établissements ou des organismes intervenant en vertu de la Loi, le Comité pouvait procéder à un réexamen ou à une enquête.

Le Comité (principalement son Service de recherche) a réalisé des études majeures sur les abus sexuels. Par contre, d'autres problèmes (tels la déchéance parentale, la privation de conditions matérielles nécessaires, l'absentéisme scolaire, les troubles du comportement, la mendicité, les fugues) sur lesquels les membres du Comité devaient aussi veiller n'ont pas fait l'objet de recherches aussi approfondies. Plusieurs de ces questions n'ont même pas été traitées sous forme d'étude. Précisons, par contre, qu'en regard des tableaux 5.1, 5.2 et 5.3, les abus sexuels ne figurent pas comme le motif d'intervention le plus souvent évoqué.

Rappelons que le concept d'abus sexuel en tant que tel a été popularisé au sein du Comité de la protection de la jeunesse. Avant même que soit formulé le Projet de loi 24, le Comité, formé en vertu de la *Loi concernant la protection des enfants soumis à de mauvais traitements*, colligeait les premières statistiques sur ce problème, ainsi explicitement désigné. Les abus sexuels, sans être inscrits dans le texte de cette loi, faisaient partie, selon le Comité (1977), des situations désignées comme étant des « mauvais traitements ».

Nous pouvons donc dire que les membres du Comité de la protection de la jeunesse, en plus d'être les promoteurs de la notion d'abus sexuel, ont accordé beaucoup d'importance à ce problème dans l'interprétation de leur mandat, que ce soit en contribuant à son institutionnalisation en tant que problème social explicitement nommé, ou en procédant à des recherches en la matière.

Les principaux travaux publiés par le Comité dans lesquels figurent des informations sur les abus sexuels sont les suivants : 1) *Premier rapport d'activités* (1977) ; 2) *Sur la problématique des enfants maltraités* (annexes I,

II, III, IV, V, VI, 1978) ; 3) *Rapport d'activités 1980-1981* (1981) ; 4) *L'enfance maltraitée, ça existe aussi au Québec* (1981) ; 5) *L'inceste : une histoire à trois et plus... apprendre à les aider* (1982) ; 6) *La protection sociale des enfants victimes d'abus sexuel... Où en sommes-nous au Québec ?* (1984).

Le document publié en 1984 est certes le plus important. Il traite de « l'ensemble des cas d'abus sexuel signalés » en vertu de l'article 38 f) de la *Loi sur la protection de la jeunesse* pour les six premiers mois de l'année 1981. Il inclut des statistiques sur les signalements, les vérifications (ou évaluations) et les diagnostics, les décisions concernant les enfants, la prolongation de la prise en charge et un bilan des interventions pour la période étudiée. Le document comporte 379 pages à l'intérieur desquelles figurent pas moins de 138 tableaux relatant des statistiques et des calculs nombreux sur les thèmes abordés.

Cette étude très poussée suffit à traduire l'intérêt du CPJ pour la question des abus sexuels. Toutefois, cette dernière assertion doit être nuancée. En entrevue, un membre du Comité qui ne faisait pas partie du Service de recherche nous a souligné (dans une partie non enregistrée de l'entretien) que l'ensemble des membres du Comité ne considèrent pas les abus sexuels comme un champ de recherche prioritaire. D'après cet interlocuteur, des personnes spécifiquement rattachées au Service de recherche auraient voulu plus que d'autres approfondir davantage cette question ; voilà qui expliquerait, selon lui, l'existence d'une somme imposante d'informations sur les abus sexuels en provenance du Comité.

Par ailleurs, au cours de nos rencontres avec un membre de l'équipe de recherche du CPJ, celui-ci nous a révélé que les travaux produits n'étaient pas appréciés à leur juste valeur par certains membres du Comité. Le recherchiste contacté envisageait, au moment où nous l'avons rencontré, une réorientation des travaux du Service. Ce témoignage tendrait à confirmer le précédent, selon lequel la question des abus sexuels ne soulevait pas un intérêt marqué chez tous les membres du Comité.

La priorité accordée aux abus sexuels au cours des années sur lesquelles porte plus spécifiquement notre étude (1979-1984), semblerait donc ne pas traduire la position de tous les membres du Comité. Cette constatation viendrait confirmer l'importance du rôle de certains individus dans l'intérêt accordé à un problème social en particulier. Toutefois, comme les documents réalisés ont été publiés par le Comité, nous devons traiter de leur ampleur, de leur contenu ainsi que de la position qui s'en dégage, dans le contexte de la perspective de l'organisme. Nous demeurons tout de même consciente de l'interaction des facteurs individuels et structurels dans la définition d'un problème social. L'incident que nous venons de soulever s'y rapporte directement.

UNE POSITION ALARMISTE ─────────────────────

Les auteurs des différents documents insistent sur la recrudescence des signalements et sur la nature incestueuse des abus sexuels signalés. Ces éléments que nous allons analyser en détail nous amènent à nous demander s'ils n'adoptent pas une position alarmiste.

L'augmentation des signalements

Dans ses rapports, le CPJ met l'accent sur l'augmentation des abus sexuels au Québec et, en plus, spécifie généralement que les cas signalés ne représentent que «la pointe d'un iceberg». Ces assertions formulées différemment d'un document à l'autre incitent le lecteur à croire que les abus sexuels ont lieu en très grand nombre.

Dans les documents et les statistiques produits, nous avons relevé des confusions relativement à la compréhension de l'ampleur du problème. Plus précisément, en examinant les tableaux que nous avons reproduits, il s'avère difficile d'identifier s'il s'agit de signalements ou de cas fondés. Il est question :

1) de la nature des mauvais traitements ;

2) de la nature des sévices identifiés dans les signalements ;

3) du nombre et de la nature des cas de mauvais traitements acheminés au CPJ ;

4) des victimes d'abus sexuel.

Au cours d'une entrevue, des explications nous ont été fournies au sujet des différences enregistrées dans l'occurrence générale des abus sexuels d'une année à l'autre. En principe, les tableaux 5.2 et 5.3 décrivent l'incidence des abus sexuels au cours des mêmes années (1979-1980-1981) ; pourtant, on note des variations dans l'occurrence de ces abus.

Un recherchiste nous a précisé, au sujet du tableau 5.2 qui est paru en 1982, qu'il s'agissait de cas «retenus». L'occurrence des abus sexuels, telle que présentée dans ce tableau, serait plus grande car certains signalements y seraient inclus, que notre interlocuteur considère «ni vérifiés, ni vérifiables». Ainsi, les statistiques produites qui, en principe, devraient faire état de l'incidence des cas, incluent des signalements qui n'ont pas même été vérifiés. Par contre, le tableau 5.3 qui figure dans la parution de 1984 ne ferait pas état de ces signalements. Toutefois, dans les deux tableaux, il peut difficilement s'agir de signalements jugés fondés (C. Messier et J. de Champlain, 1984). Car, dans l'étude de 1984, il est précisé que, pour les six premiers mois de l'année 1981, 222 «cas» ont été jugés fondés à partir de

374 signalements. Les deux tableaux semblent donc faire état de signalements plutôt que de cas jugés fondés, puisque le nombre total des signalements pour l'année 1981 (étude 1982 : 776 ; étude 1984 : 806) se rapproche davantage de celui des signalements non vérifiés.

Il n'en demeure pas moins, malgré ces précisions, qu'il existe plusieurs confusions relativement aux réalités que l'on veut décrire dans les relevés statistiques présentés.

Dans toutes les études du CPJ, en plus de cette forte tendance à présenter confusément l'occurrence des abus sexuels, on semble faire montre d'une propension à considérer les signalements (parfois même non vérifiés) comme des indices majeurs de l'incidence des sévices. Même si dans l'étude de 1984 on relève un bon nombre de cas jugés non fondés (41 %), les personnes rencontrées qui faisaient partie de l'équipe de recherche nous ont précisé qu'à leur avis tout ce que dit un enfant à propos des abus sexuels doit être considéré comme vrai. Cette conception de l'abus sexuel peut inciter ces personnes à mettre l'accent sur les signalements plutôt que sur les cas jugés fondés ; en plus, une telle optique les encourage certes à enregistrer comme des cas d'abus sexuel certains signalements qui n'ont pas fait l'objet d'une évaluation.

Ainsi, parmi les informations contenues dans le discours entretenu sur l'occurrence des abus sexuels, nous pouvons voir que ce sont les signalements qu'on utilise pour décrire la « réalité ». On met donc l'accent sur l'ampleur des signalements plutôt que sur le nombre de ceux qui seraient jugés fondés, dont l'occurrence est moindre. En outre, la tendance généralisée dans ces documents est de signifier que le nombre d'abus sexuels signalés se situe bien en deçà du nombre « réel » d'abus sexuels.

Par ailleurs, l'affirmation selon laquelle on assiste à une augmentation croissante des signalements depuis la mise en application de la *Loi sur la protection de la jeunesse* ne se trouve pas associée à la déjudiciarisation (au niveau criminel) des conflits à caractère sexuel impliquant des mineurs. Il s'agit là, à notre avis, d'une omission majeure car la nouvelle loi proposait des avenues nouvelles pour résoudre ces conflits.

À cet égard, nous aurions tendance à croire que la recrudescence des signalements pour abus sexuel puisse être reliée aux changements apportés, car les plaintes aujourd'hui considérées comme des abus sexuels pouvaient autrefois être désignées autrement à partir d'autres lois. De fait, les situations-problèmes définies comme des abus sexuels pouvaient faire l'objet de poursuites criminelles en vertu de divers articles du *Code criminel*. Ainsi, jusqu'à récemment, en vertu de la *Loi sur les jeunes délinquants* (plus spécifiquement à l'article 33), des accusations d'avoir contribué à la délinquance pouvaient être portées à l'endroit d'un adulte qui avait des relations sexuelles avec un jeune ; on pouvait en plus recourir à d'anciennes lois relatives à la protection.

À cet effet, divers intervenants de même que le juge rencontré lors de nos entrevues ont soulevé le point que les articles du *Code criminel* relatifs à des conflits d'ordre sexuel impliquant des mineurs étaient de moins en moins utilisés au Québec. On nous a précisé que le recours à la nouvelle loi, dans de telles situations, aurait eu pour effet de limiter les interventions plus formelles (impliquant le recours au système judiciaire formel). En outre, la loi plus récente sur les jeunes contrevenants ne comporte plus d'articles relatifs à de tels conflits.

Dans les relevés statistiques publiés par le CPJ, les auteurs spécifient toutefois que l'augmentation des signalements peut être reliée à « un meilleur dépistage des cas ». Cette unique mise en garde nous paraît limitée, d'autant plus que la majeure partie du discours tenu au sujet des abus sexuels, dans ces documents, porte sur l'ampleur du nouveau problème de même que sur son augmentation constante.

Il reste qu'il est difficile d'évaluer dans quelle mesure les signalements actuels pour abus sexuel pourraient ou non faire l'objet d'autres poursuites. On ne doit pas perdre de vue que la nouvelle loi, en rendant les signalements obligatoires pour tous les professionnels et en favorisant l'anonymat des déclarants, opérait des changements majeurs dans l'interprétation du rôle de l'État dans des situations à caractère sexuel impliquant des mineurs. Ces éléments peuvent avoir eu pour effet de favoriser des signalements qui, au cours de la période précédant l'adoption de la loi, n'auraient pas été enregistrés, en raison notamment du secret professionnel ou de l'obligation à témoigner en cour alors en vigueur.

Il nous apparaît évident que l'augmentation des signalements doit être imputée à un nouveau mode de gestion des situations-problèmes, témoignant d'une accentuation progressive des contrôles de l'État en la matière.

Dans cette optique, nous pouvons affirmer qu'à travers les relevés statistiques produits, la position du CPJ établit comme nécessaire, tout en l'endossant, cet élargissement des contrôles. Évoquons à cet égard une argumentation basée sur la recrudescence des signalements, recrudescence qui, si on l'examine, prend son sens principalement à partir de cet élargissement des contrôles.

En regard de ces observations, nous avons été amenée à considérer que le discours du CPJ comporte un caractère alarmiste, puisqu'il s'en dégage une volonté claire d'accentuer le phénomène d'augmentation des signalements sans tenir compte du fait que cette augmentation est liée à un élargissement du contrôle étatique dans le domaine de la protection de la jeunesse.

La nature incestueuse de l'abus sexuel

L'inceste occupe une place privilégiée dans les documents publiés par le Comité de la protection de la jeunesse. L'élargissement de cette notion est implicite. D'abord, l'inceste ne se limite plus aux rapports sexuels entre des personnes ayant un lien de sang. Ensuite, diverses formes d'attouchement sexuel sont aujourd'hui considérées comme étant des rapports sexuels.

Dans l'étude produite en 1984, les abus sexuels sont présentés ainsi :

> Les abus sexuels retenus étant principalement des cas d'inceste, les personnes reconnues abusives sont donc, le plus souvent, quelqu'un de la famille de l'enfant victime (69 %). Alors, c'est surtout du père réel (41 %) dont il s'agit et quelquefois d'un père substitut (8 %) ou encore, il s'agit d'un frère (9 %) ou d'un oncle (6 %) et, parfois, d'un grand-père (3 %). (C. Messier et J. de Champlain, 1984, p. 135)

Il se dégage de ces données que les pères substituts sont aussi considérés comme coupables d'inceste. Le cahier-synthèse de la même étude (1984) apporte des précisions quant au type de comportement jugé incestueux :

> La majorité des cas d'inceste père/fille (61 %) se situent au stade des touchers et des jeux sexuels et dans 12 % des cas, se pratiquent des activités sexuelles orales (fellation/cunnulingus) ; ce sont davantage des « comportements inces-tueux » au sens du Code criminel qu'un inceste qui implique la pénétration dans la définition légale de l'inceste, ce qui est le fait de 22 % de ces cas. (C. Messier et J. de Champlain, 1984, cahier-synthèse, p. 32)

Dans un autre chapitre relatant le profil des victimes d'un inceste père – fille, il est précisé : « Le groupe est, de loin, le plus nombreux : 121 sur les 273 abus sexuels retenus, ou 44 % » (C. Messier et J. de Champlain, 1984, p. 144)

L'équipe de recherche du CPJ insiste fortement, dans les documents d'information qu'elle a publiés (l'un portant exclusivement sur l'inceste), sur le « caractère incestueux » de l'abus sexuel. Même si une forte proportion des cas d'abus sexuel semble correspondre à la définition de l'inceste propre aux auteurs, il faut tenir compte encore ici du fait que leur interprétation de l'inceste ne correspond pas à celle véhiculée traditionnellement. Cette nouvelle interprétation doit être considérée en fonction de l'occurrence, telle que décrite, de ce genre de situations et peut témoigner, en effet, d'un changement de normes ; en plus, le caractère dramatique de l'inceste devient ainsi associé à des situations différentes (le beau-père par exemple).

Nous pouvons supposer, dans ce contexte, que l'on assiste actuellement à une forme de dramatisation de certaines situations qui autrefois n'étaient pas associées au tabou de l'inceste. Par ailleurs, l'élargissement des types de comportements associés à l'inceste (par rapport à ceux entendus par la jurisprudence au niveau criminel) témoigne aussi d'un élargissement des contrôles de l'État.

Aussi, les auteurs du rapport insistent particulièrement sur la victimisation féminine, ce qui se reflète dans des expressions telles que «des victimes exclusivement féminines», «surtout des filles». Pourtant, l'étude de 1984 fait état d'un nombre grandissant de signalements pour abus sexuel ayant trait aux garçons :

> Les enfants signalés comme victimes d'abus sexuel se distinguent par la très forte sur-représentation des filles : 4 filles pour un garçon. Plusieurs garçons sont cependant signalés parmi ces victimes : ils représentent 20% de l'ensemble, ce qui est beaucoup plus que ne le laissaient présager les études américaines consultées puisqu'elles font état de 10 filles pour un garçon. (p. 57)

L'insistance sur la victimisation féminine pourrait, jusqu'à un certain point, s'inscrire dans le mouvement général de la dénonciation de la violence faite aux femmes, qui a revêtu de l'importance en Amérique du Nord au cours des dernières années. La sensibilisation de plus en plus grande à cette question a pu en effet contribuer à mettre davantage en relief le sort des personnes de sexe féminin dans différents travaux portant sur les victimes. Nous pouvons ainsi avancer le fait que le sort des victimes d'abus sexuel de sexe masculin soulève moins d'indignation à l'heure actuelle.

Le CPJ nous semble donc avoir mis en relief sa vision particulière des conflits à caractère sexuel impliquant des mineurs. L'insistance sur le caractère incestueux des situations d'abus sexuel impliquant des filles engendre une forme de dramatisation de ces conflits en leur conférant un aspect alarmiste.

Cette analyse de la documentation produite nous a amenée à considérer l'importance, au Québec, de l'interprétation que font de la situation en matière d'abus sexuel les personnes qui ont colligé des données sur le sujet. Ces personnes ne sont pas des agents passifs ; elles ont des décisions à prendre dans le processus de collecte, de sélection et de présentation des divers types de données. Derrière leurs décisions domineront ou seront exclues certaines dimensions plutôt que d'autres. Les éléments que nous avons retracés et qui nous permettent de saisir comment des statistiques, de même que leur présentation, peuvent traduire les positions des personnes qui les colligent, prennent de l'importance dans la mesure où ils ont un impact direct sur la connaissance d'un problème social.

Les documents et études du CPJ sont cités dans la plupart des travaux ou documents québécois traitant des abus sexuels ; ils sont largement diffusés et on les a largement utilisés pour décrire la gravité et l'ampleur de la question. Généralement, la référence à ces documents s'accompagne d'une incitation à dénoncer toute situation pouvant ressembler à de l'abus sexuel. De plus, la nécessité d'intervenir y est largement soulignée.

Les travaux du CPJ et leur mise en relief des abus sexuels ont eu un écho retentissant. En ce sens, nous croyons qu'ils répondaient à une nécessité pour la structure d'intervention. L'idéologie de protection trouvait ainsi racine dans l'énoncé de la gravité insoupçonnée de la violence faite aux enfants.

Toutefois, même si le CPJ a occupé une place prépondérante dans la définition des abus sexuels au Québec, il reste que la position de cet organisme a été endossée par plusieurs individus ou groupes, les informations recueillies répondant à plusieurs impératifs dans leur **croisade pour la protection de la jeunesse**.

Le CPJ ou, plus précisément, les personnes qui ont compilé des statistiques sur les abus sexuels devaient nécessairement, pour ce faire, obtenir des informations en provenance des diverses entités administratives impliquées dans l'enregistrement des cas d'abus sexuel. Nous allons maintenant tenter d'analyser de plus près comment s'établit ce mode de coopération entre différentes entités administratives (au sein de la structure d'intervention) et la façon dont sont communiquées les informations. La compréhension de ce mécanisme nous permettra de mieux saisir ce que les statistiques enregistrées mesurent exactement.

LA TRANSMISSION DE L'INFORMATION AU SEIN DE LA STRUCTURE

Nous avons tenté au cours de nos travaux d'avoir accès à des dossiers qui auraient servi à l'élaboration des statistiques sur les abus sexuels. Cette démarche nous aurait permis d'examiner certains aspects relatifs aux mécanismes de transmission de l'information en matière d'abus sexuel.

En réponse à notre demande, nous avons appris que les dossiers du CPJ ne contenaient à ce moment-là aucune information sur le sujet ; cela devait s'expliquer par le fait que des amendements législatifs récents n'obligeaient plus les «services sociaux» à transmettre automatiquement des informations sur les abus sexuels. Au sujet du contenu des dossiers avant la mise en vigueur des nouvelles directives, il nous a été précisé : « Il y a quasiment rien dedans. »

Il était alors difficile de saisir comment le CPJ était parvenu à produire des relevés de statistiques aussi détaillés sur les abus sexuels. Cette situation nous a amenée à déroger à la règle de la non-directivité pour poser la question directement à une personne interviewée. Au sujet de la recherche publiée (principalement celle de 1982), elle nous a mentionné que les données furent recueillies verbalement, parfois au téléphone, et à l'aide d'un questionnaire réalisé par des conseillers (relevant du CPJ) en collaboration avec des « intervenants sociaux ».

Nous serions tentée ici de souligner l'aspect quelque peu informel de cette méthode de compilation. Nous sommes obligée, par ailleurs, de reconnaître que la nécessité de recourir à un tel fonctionnement a pu s'imposer dans la mesure où, selon les délais occasionnés par certains mécanismes structurels (multiplicité des renvois, compartimentation des tâches), les informations pouvaient difficilement être acheminées de façon plus systématique. Cette manière de procéder nous renseigne également sur un autre ordre de réalité : celui concernant les personnes qui ont le pouvoir de définir les situations-problèmes. Certains groupes peuvent choisir de transmettre un type d'information en fonction de leur propre interprétation des « cas d'abus sexuel », ce qui pourrait modifier le taux d'incidence des « cas ».

En ce sens, à la suite d'une rencontre avec un administrateur de la DPJ (en 1983), il nous a été possible d'envisager le fait que la façon dont le personnel des DPJ interprétait l'obligation d'aviser le Comité dans le cas des enfants victimes d'abus sexuel (article 41, premier paragraphe de la *Loi sur la protection de la jeunesse*) s'était modifiée après les premières années de fonctionnement. Cet interlocuteur nous a fait part de l'interprétation nouvelle au sujet des informations sur les cas d'abus sexuel acheminées au Comité :

> Bien oui, avant, on envoyait tout ; que ce soit fondé ou pas. Admettons que là-dedans il y en avait le tiers qui n'était pas fondé. Dans ces statistiques primaires, tous les signalements étaient inclus. Avant on leur envoyait tout, tout signalement qui était 38 f). On leur envoyait ensuite et on leur faisait parvenir l'évaluation et des fois les cas n'étaient pas fondés. Depuis un an, on envoie seulement les cas fondés après l'évaluation et lorsqu'on est sûr que c'est vrai que l'enfant a été abusé sexuellement. (A : 8)

Des membres du CPJ semblaient conscients des différentes interprétations qui circulaient au cours du processus de transmission des informations d'une entité administrative à l'autre. En plus de souligner l'existence de la nouvelle directive émise au sein de la DPJ, ils nous ont entretenue de la possibilité que certains « cas », considérés par eux comme des abus sexuels, ne soient pas enregistrés, et ce, à cause d'une interprétation différente de ce qui pourrait être compris comme étant ou non de l'abus sexuel au sein, cette fois, d'une entité administrative régionale :

> Les disparités régionales sont très importantes principalement au niveau administratif quant à la désignation des plaintes. Par exemple, au Saguenay–Lac-Saint-Jean, on les déclare non fondées lorsque l'abuseur est un tiers [c'est-à-dire une personne autre que le parent]. (C : 3)

Dans cette perspective, il n'est pas étonnant de constater que les personnes qui ont conçu les relevés statistiques n'aient pas eu recours à un mode de transmission automatique des signalements.

Le questionnaire remis aux différents agents de protection pouvait leur permettre de repérer un nombre plus important de cas signalés. Par ailleurs, nous savons qu'il se dégage des rapports du CPJ une interprétation particulière des signalements pour abus sexuel. De ce fait, nous supposons que la méthode par questionnaire allait faire ressortir une définition des signalements correspondant davantage à celle donnée par les membres du Comité qui compilaient les données ; cette méthode devait effectivement permettre que les « cas non fondés », de même que certains cas relatifs à des tiers abuseurs, soient considérés comme des signalements pour abus sexuel.

Outre l'importance du CPJ dans la définition de l'abus sexuel, il ressort que les différentes interprétations du sens accordé aux signalements sont à considérer dans l'analyse des statistiques. Ceux qui produisent les statistiques dans leur forme finale peuvent contourner certains éléments de variation dans les interprétations. Mais il reste que la communication des informations d'une entité administrative à une autre demeure un élément clé dans l'enregistrement des données. Ainsi, des oppositions ou des conflits d'intérêts entre les différents groupes pourront s'exprimer à travers ce mécanisme qui nécessite une part importante de coopération.

À ce titre, le fait que le CPJ fasse partie du ministère de la Justice et que les agents de protection susceptibles de transmettre de l'information relèvent du ministère des Affaires sociales est un facteur à considérer. De plus, l'une des fonctions du CPJ consistant au réexamen « des cas », nous pouvons en déduire qu'il peut exercer un contrôle sur les interventions.

Dans ce contexte, le mécanisme de transmission des informations à des fins de compilation statistique peut être compromis. Malgré des efforts remarquables pour obtenir des données systématisées, l'organisme ou l'entité responsable de les recueillir sera soumise et contrainte à l'interprétation et au jugement (au sens) des répondants, tant en ce qui concerne leur définition de l'abus sexuel qu'en ce qui a trait au type d'information qu'ils choisiront de transmettre.

Dans l'éventualité où le groupe qui collige les données est perçu comme un organe de contrôle relevant d'un autre ministère, les intervenants peuvent opérer des transformations dans la présentation de leurs informations. Dans ces circonstances, l'information pourrait être réduite à son strict minimum ou orientée en fonction d'interprétations différentes.

Enfin, les intervenants qui transmettent l'information, en plus d'appartenir à des entités administratives distinctes, peuvent être influencés par certains éléments personnels.

LA POSITION DES INTERVENANTS ET SES RÉPERCUSSIONS

Nous avons déjà vu, au cours des chapitres précédents, que le processus de désignation des abus sexuels est tributaire des opérations définitionnelles des différents intervenants. Les représentations entretenues au sujet de la structure d'intervention et de l'objet d'abus sexuel, de même que des intérêts relatifs à la prise en charge, vont influencer la décision servant à déterminer si une plainte peut être considérée ou non comme relevant d'une situation d'abus sexuel. L'existence même de la notion d'abus sexuel a rendu possible l'enregistrement officiel, par les intervenants, de signalements pour abus sexuel. Nous pouvons donc dire que les statistiques témoignent principalement de ces facteurs en plus de refléter la position des personnes, organismes et entités administratives qui ont contribué à leur élaboration.

Il nous a été possible de retracer un exemple concret où des initiatives individuelles, quoique favorisées au sein d'une entité administrative locale, ont pu avoir un effet direct sur l'enregistrement des signalements. Nous faisons ici référence à l'expérience de la mise sur pied d'une équipe spécialisée dans le traitement des abus sexuels, dont nous avons fait état précédemment (dans le chapitre 4 traitant des sujets intervenants). Cette expérience thérapeutique a lieu dans la région de Laurentides–Lanaudière. Nous n'avons pu situer avec exactitude à partir de quelle période cette équipe spécialisée s'est constituée, mais nous savons que des personnes de cette région se sont intéressées spécifiquement aux abus sexuels au cours des dernières années.

C'est plus précisément par la consultation de deux relevés statistiques (tableaux 5.4 et 5.5) que nous avons pu observer que le nouvel intérêt à l'égard du problème, dans cette région, peut avoir eu des répercussions dans l'occurrence des signalements. Ainsi, au tableau 5.4, paru dans une publication du CPJ en 1981, nous constatons qu'aucune plainte pour abus sexuel n'a été enregistrée officiellement dans la région de Laurentides–Lanaudière. Au tableau 5.5, établissant une répartition régionale des signalements et paru en

1984, la même région figure au deuxième rang (après celle de Montréal ouest) quant au nombre de signalements enregistrés. Cette différence notoire peut certes témoigner de la nouvelle position sur les abus sexuels adoptée par les intervenants de cette région.

Nous en concluons donc que les intervenants peuvent contribuer individuellement de par leur position, leurs représentations et leurs intérêts à l'enregistrement officiel des signalements pour abus sexuel.

VUE D'ENSEMBLE SUR LES STATISTIQUES ⎯⎯⎯⎯⎯

Les relevés statistiques sur les abus sexuels au Québec sont le produit des rapports qui existent entre la structure d'intervention, l'objet d'abus sexuel et les sujets intervenants. Ils témoignent d'abord des rapports spécifiques qui se sont établis entre l'organisme qui s'est chargé de recueillir des données statistiques et les entités administratives qui transmettent des informations sur les abus sexuels. Ils sont également le fruit de l'action définitionnelle des intervenants directs. Enfin, nous croyons qu'ils sont retenus et utilisés en fonction de la signification qu'on a accordée aux abus sexuels au sein de la structure d'intervention. Rappelons à ce propos que cette structure d'intervention s'alimente à même un mouvement de protection de l'enfance.

L'organisme qui collige les données formelles peut faire ressortir du problème des aspects particuliers ayant trait à son ampleur ou à sa gravité. De plus, les informations recueillies seront fonction des mécanismes d'inclusion et d'exclusion opérés au sein des entités administratives par des personnes directement appelées à divulguer l'information.

Nous avons tout de même insisté sur la prépondérance du rôle joué par le CPJ dans la définition des abus sexuels. Il ne fait pas de doute que le CPJ, en tant qu'organisme ayant mis en relief la notion même d'abus sexuel et se chargeant d'en calculer l'occurrence, a contribué à la diffusion de ce « nouveau problème social » et, plus spécifiquement, à l'**émergence d'une nouvelle forme de contrôle social en la matière**.

À notre avis, tout le mouvement de protection de l'enfance au Québec s'est nourri des relevés statistiques produits qui témoignent surtout de l'ampleur et de la gravité des situations désignées comme des cas d'abus sexuel. Ces relevés étaient précieux et ont pu servir de justification à l'existence même de la structure d'intervention nouvellement conçue.

Le phénomène de l'ampleur, tel que décrit, d'un problème de « nature incestueuse » est utile au maintien de l'idéologie de protection. **L'horreur ou le dégout inspiré par la transgression d'un tabou peut favoriser une intervention qui comporte un élargissement des contrôles.** En outre, le mouvement de dénonciation de la violence faite aux femmes a contribué à renforcer cette position.

Ainsi nommés et calculés, les cas d'abus sexuel ont pris forme et sont devenus un cheval de bataille du mouvement de protection de l'enfance. Les intervenants directs ont appris peu à peu à classer certaines situations plus ou moins claires sous cette appellation.

En somme, les statistiques sur les abus sexuels et leur utilisation subséquente sont le reflet d'interactions complexes dans un processus définitionnel élargi, c'est-à-dire dans lequel la définition d'une question sociale ne peut être l'appropriation exclusive de quelques personnes. Tous ceux et celles qui choisissent de mettre au jour un problème social sont soumis et astreints autant au pouvoir définitionnel des individus qu'à celui des groupes ou des institutions. Les relevés statistiques qui en résultent signifient avant tout la somme de ces interactions.

Résumé
et conclusions ⎯⎯⎯⎯⎯⎯⎯⎯⎯⎯⎯

D e notre analyse, il ressort que le contrôle social étatique en matière
d'abus sexuel est la résultante d'une interaction dynamique entre :
1) des éléments d'une structure d'intervention (comprenant les représentations
entretenues à son égard, des caractéristiques qui lui sont inhérentes et
l'idéologie de protection qu'elle véhicule) ; 2) des représentations et conceptions
liées directement à un discours dominant sur l'abus sexuel et à des intérêts
relatifs à la prise en charge de cas ; 3) des positions personnelles et certains
intérêts, chez des sujets intervenants, dans l'identification spécifique de
l'abus sexuel. Nous situons donc l'action définitionnelle de l'abus sexuel dans
un processus d'interaction où plusieurs facteurs s'interinfluencent.

Notre analyse nous a aussi permis d'établir, d'une manière détaillée,
des relations particulières entre ces différents facteurs. Ainsi, lorsque nous
avons traité de la structure d'intervention, nous avons précisé sa triple
influence dans la définition de l'abus sexuel.

Premièrement, la vision négative de la plupart des intervenants à
l'égard de cette structure nous laissait présager que ces derniers pourraient
user de certaines initiatives pour en contourner les modalités de fonctionnement. Les intervenants se sentant impuissants vis-à-vis de l'ampleur de la
structure d'intervention et de ses contraintes (processus de prise de décision
insaisissable, formulaires à remplir, captivité des cas, etc.), il nous est apparu
possible qu'ils cherchent à s'approprier certaines zones d'autonomie dans
l'action. D'ailleurs, les intervenants qui disent pouvoir user directement
d'une bonne marge d'autonomie dans l'exercice de leur travail entretiennent

une vision moins négative à l'égard de la structure d'intervention. Ces représentations exercent, selon nous, une influence dans le processus définitionnel dans la mesure où les modalités de fonctionnement de la structure d'intervention sont contournées ou adaptées, ce qui a pour effet de réduire l'impact de la structure d'intervention dans le processus de définition de l'abus sexuel.

Nous avons été amenée à constater, en second lieu, que la structure d'intervention actuelle comporte des caractéristiques précises pouvant tout de même intervenir directement dans le processus de définition de l'abus sexuel. Plus spécifiquement, la compartimentation des fonctions des intervenants, la multiplicité des renvois exigés et la captivité des cas qui en découle (en raison des délais occasionnés) conditionnent en bonne partie l'action définitionnelle, principalement dans les entités administratives imposantes (comme c'est le cas à Montréal). D'abord, la compartimentation des fonctions et la multiplicité des renvois incitent les intervenants à emprunter un discours stéréotypé pour parler de l'abus sexuel, notamment parce qu'ils ne sont pas appelés à suivre personnellement les cas signalés tout au long de leur trajectoire à l'intérieur de la structure. Leur discours se rapporte plus à ce qu'ils ont entendu dire dans des écrits ou dans des médias qu'à des cas spécifiques qu'ils côtoient dans leur travail.

Troisièmement, la structure d'intervention, en plus de favoriser le recours à un discours stéréotypé ou uniformisé (pour parler de l'abus sexuel), agit comme véhicule de l'idéologie de protection. Ainsi, même si les intervenants en arrivent souvent à décrier le fonctionnement actuel de la structure d'intervention (en regard, par exemple, de la captivité des cas et des délais), ils sont généralement d'avis que celle-ci doit continuer d'assurer la protection des enfants victimes d'abus sexuel.

Nous avons posé la structure d'intervention comme véhicule de l'idéologie de protection en nous basant surtout sur le fait que cette étiquette est omniprésente à tous les paliers de la structure ; ainsi, les diverses entités administratives qui la composent affichent ouvertement et constamment leur intention de protéger la jeunesse en difficulté.

Nous avons, dans cette étude, accordé beaucoup d'importance à l'idéologie de protection et au discours uniformisé qui dominent en matière d'abus sexuel. Soulignons que les intervenants ne sont toutefois pas forcés d'adhérer à cette idéologie ou à ce discours. Nous avons pu voir que des facteurs liés à leur position, en tant que professionnels, les amènent à souscrire plus personnellement à l'idéologie de protection et à concevoir l'objet d'abus sexuel d'une manière stéréotypée. Il est donc possible d'établir des points de convergence entre la position de l'intervenant au sein de l'institution et celle qu'il occupe sur le plan de sa profession. En cela, nous pouvons avancer l'idée que l'idéologie professionnelle de type thérapeutique (travail social) s'inscrit dans le même sens que celle de la protection. Ainsi, le fait d'avoir été engagés en raison de leur compétence à traiter les enfants en difficulté et d'avoir été formés dans le domaine des sciences humaines et sociales incite les intervenants à devenir des propagandistes de la protection. Cela les pousse, certes, d'une part à ne pas complètement remettre en question la structure actuelle et l'idéal de protection sous-jacent, et, d'autre part, à se référer à des préconceptions relatives au problème de l'abus sexuel. Ces préconceptions, issues des documents produits sur l'abus sexuel, font partie en quelque sorte de leurs outils professionnels[23] ; sauf qu'ici, ce qui ressort nettement c'est certainement l'absence, chez la majorité des intervenants, d'un discours directement relié à leur expérience pratique. Nous avons tenté de comprendre cette absence quasi totale de références à l'histoire spécifique des situations-problèmes dont ils s'occupent, à partir de la compartimentation des fonctions qui existe au sein de la structure d'intervention. Il y a plus encore : nous croyons que sur le plan professionnel, le fait de remettre en question la théorie sur les abus sexuels ne procure pas de valorisation évidente.

Par contre, nous avons pu constater que l'élaboration des modalités spécifiques d'intervention en matière d'abus sexuel peut procurer des avantages sur le plan professionnel. Ainsi, bien que pour la période que nous avons étudiée, la spécialisation ne semblait pas prévaloir au sein de la structure d'intervention, certains intervenants tentaient de faire valoir leur expertise spécifique dans le domaine. Dans certains cas, ces initiatives leur ont permis d'être réclamés pour leurs services en dehors de leur cadre de travail habituel. Rappelons qu'un groupe d'intervenants a même été incité par ses supérieurs à mettre au point un traitement particulier. Il semble que le but explicite d'une telle initiative était de faire en sorte que l'entité administrative à laquelle ils appartenaient soit considérée comme ayant une pertinence spécifique en matière d'abus sexuel et, donc, d'empêcher des transferts budgétaires vers d'autres entités administratives étatiques (CLSC).

Encore ici, nous sommes amenée à souligner le lien qui existe entre l'appartenance institutionnelle des intervenants et leur spécialisation profes-sionnelle. Ainsi, le fait que le groupe de professionnels en question a été amené à mettre au point un modèle de traitement à partir d'une demande institutionnelle a pu leur permettre de profiter personnellement d'une recon-naissance publique de leur expertise par la voie de certains médias.

---

23. Tous les professionnels dans le domaine des sciences humaines et sociales peuvent avoir tendance à se référer à des données théoriques lorsqu'ils abordent un problème particulier. La formation universitaire qu'ils ont reçue est d'ailleurs basée en bonne partie sur des connaissances théoriques.

Par ailleurs, les intervenants en question mentionnaient avoir constaté l'existence de certains rapports de force au sein de la structure d'intervention, relativement à des appuis qu'ils avaient réclamés pour favoriser une plus grande reconnaissance de leur expertise. C'est ainsi qu'ils disaient avoir reçu un appui mitigé de certaines personnes influentes au sein de la structure, lesquelles, à leur avis, avaient préféré appuyer d'autres initiatives, en raison de l'appartenance même de ces personnes à des entités administratives où d'autres approches étaient préconisées.

Il existerait donc une certaine compétition au sein de la structure quant à l'appropriation du champ privilégié de l'intervention en matière d'abus sexuel. Il n'en reste pas moins que, dans certains cas, des initiatives dans le secteur de la prise en charge procurent aussi des avantages à l'entité administrative à laquelle les « experts » sont rattachés. Il est d'autant plus étonnant de relever cette dernière constatation que le contexte structurel ne reconnaît pas officiellement la spécialisation. Nous devons donc en conclure que la prise en charge de l'abus sexuel peut comporter de gros avantages, puisqu'elle peut même permettre la transgression de certaines modalités de fonctionnement structurelles.

Ajoutons tout de même que les intervenants rencontrés faisaient généralement mention d'un constat d'échec au sujet de l'intervention en matière d'abus sexuel, principalement lorsqu'il leur arrivait de s'attarder à la position des enfants par rapport à l'intervention (délais, nombre imposant d'intervenants à rencontrer, etc.). Pour plusieurs de nos interlocuteurs, la solution à cet égard était de favoriser un recours renouvelé au système judiciaire. Nous avons pu nous rendre compte que, loin de remettre en question le modèle actuel d'intervention de type « service social », ce mouvement cherchait à le renforcer. Ainsi, la tentation du recours au judiciaire pouvait s'inscrire davantage, selon nous, dans une perspective d'extension des contrôles de ce genre. Nous sommes consciente ici de n'accorder que peu de poids aux objectifs humanitaires que certains tenants du mouvement croyaient ainsi pouvoir atteindre (meilleure protection de l'enfant par le traitement ou le châtiment forcé du père), mais force nous est d'interpréter ce mouvement surtout en fonction des intérêts retirés par les responsables de la prise en charge. Le discours des intervenants à propos des difficultés actuelles d'intervention met davantage l'accent sur leur situation comme intervenants (au point de vue de la structure, des familles et de la Cour) que sur la situation des enfants. Cette position ne signifie pas qu'ils soient insensibles au sort des enfants qu'ils côtoient. Ainsi, nous avons pu voir qu'un intervenant avait déjà choisi de ne pas identifier formellement un cas d'abus sexuel qu'il croyait avoir repéré, afin d'épargner à l'enfant de devoir faire face au processus structurel actuel en regard des problèmes reliés à l'abus sexuel. De plus, d'autres intervenants ont évoqué les difficultés que pouvaient éprouver les enfants auprès de qui ils intervenaient en matière d'abus sexuel.

La compartimentation des fonctions et la multiplicité des renvois qui sont des caractéristiques de la structure actuelle favorisent, selon nous, une dépersonnalisation de l'acte professionnel. Dans ce contexte, le sort des personnes qui font l'objet d'un renvoi est moins susceptible d'être connu par les intervenants. Ils sont au courant de ces cas, mais comme ceux-ci relèvent désormais d'autres professionnels, les intervenants ne les rencontreront qu'une ou deux fois. À Montréal, en particulier, bien souvent, ils n'en entendront plus parler par la suite. Cette situation a certes pour effet de centrer l'intervenant sur sa propre position à l'égard du problème plutôt que de l'inciter à mettre l'accent sur la position des enfants renvoyés, toujours aux prises avec leurs difficultés.

Concrètement, c'est à l'intervenant que revient la décision de désigner des cas d'abus sexuel. L'examen de situations d'intervention nous a amenée à renforcer notre hypothèse selon laquelle les intervenants peuvent contourner des modalités de fonctionnement structurel. La marge de manœuvre qu'ils s'approprient dans l'action semble leur permettre de s'adapter à diverses contraintes structurelles. Ces zones d'autonomie ont un impact direct dans le processus définitionnel même si elles n'éliminent pas : 1) l'existence, chez les intervenants, de zones de dépendance à l'objet imaginé par référence à un discours uniformisé ; 2) l'adhésion généralisée à l'idéologie de protection ; 3) la soumission assez généralisée à une forme de division du travail (compartimentation des fonctions, multiplicité des renvois) ; 4) l'existence du nouveau problème de l'abus sexuel comme objet d'intervention impliquant des intérêts, sur le plan institutionnel, quant à sa prise en charge.

D'après les témoignages recueillis, la marge de manœuvre des intervenants se situerait surtout à l'étape de l'enregistrement et de la formulation des plaintes, en particulier dans les modifications qu'ils pourront effectuer à l'intérieur des dossiers. Ces actions font partie directement des mécanismes de renvoi.

Les perceptions des intervenants liées à la clientèle desservie par les services sociaux exercent une influence sur l'enregistrement des plaintes. Nous nous sommes intéressée à deux aspects spécifiques de ces perceptions. D'abord, l'importance accordée à la crédibilité du déclarant dans l'évaluation des signalements nous porte à croire que, dans certains cas, des individus, en raison de leur capital social, peuvent être immunisés contre l'intervention sociale et le renvoi. Dans d'autres cas, nous pensons que des abus sexuels seront jugés fondés à partir de la mauvaise réputation de certains individus qu'on estime être potentiellement des abuseurs sexuels.

Par ailleurs, dans le processus même de la formulation des plaintes, nous avons vu que des données très subjectives peuvent entrer en jeu. Des interlocuteurs nous ont informé du fait que souvent les plaintes formulées au téléphone, par exemple, ne sont pas précises, si bien que les intervenants, à partir des questions qu'ils posent et selon leur propension à privilégier un problème plutôt qu'un autre, vont finir par inscrire une série de doléances selon leur propre perception des plaintes reçues. À cet égard, nous avançons que, principalement dans les milieux défavorisés, le pouvoir personnel de l'intervenant dans le processus définitionnel est d'autant plus fort. En d'autres termes, moins les doléances d'un plaignant relatives à des maux sont précises (et selon nous le propre d'une clientèle défavorisée, c'est son absence de pouvoir sur le plan du langage), plus les mots pour les désigner officiellement seront du ressort des intervenants. Si un intervenant accorde une importance particulière aux abus sexuels (pour des raisons d'ordre personnel ou en vertu d'intérêts relatifs à la prise en charge), il sera d'autant plus enclin à identifier ce type de problème. Dans ce contexte, il lui est facile de repérer des indices d'abus sexuel principalement au cœur des familles aux prises avec de nombreux problèmes (qui peuvent être interprétés comme étant des indices sûrs), d'autant plus si leur capital social est faible et si elles éprouvent des difficultés à exprimer elles-mêmes leur maux.

Compte tenu de ces différents éléments, il nous apparaît évident que des renvois différentiels peuvent se produire. Selon sa personnalité (incluant ses champs d'intérêts, sa vision du monde, etc.) et sa position dans la structure d'intervention (intérêts sur le plan de la prise en charge), l'intervenant pourra attribuer à certaines situations plutôt qu'à d'autres le vocable d'abus sexuel. Par ailleurs, certains groupes plus vulnérables que d'autres, en raison de leur incapacité culturelle à exprimer clairement leurs maux, seront plus facilement désignés comme vivant un problème d'abus sexuel, si ce problème est privilégié par un ou des intervenants affectés à leur cause.

À notre avis, le cheminement d'une histoire sociale ou d'un malaise familial est plus largement tributaire de ces éléments que d'éléments dits objectifs. En effet, nous avons pu voir que tous ces éléments subjectifs jouent dans l'évaluation des situations-problèmes, et qu'en plus ils interviennent à toutes les étapes du cheminement à l'intérieur de la structure d'intervention. Ainsi, des situations parfois désignées comme étant des cas d'abus sexuel à l'étape de l'évaluation ou de la formulation des doléances pourront être transformées ultérieurement en situations dans lesquelles les enfants en cause montreraient plutôt des troubles du comportement. À d'autres moments, l'identification du problème de l'abus sexuel pourra être favorisée dans certaines circonstances. Nous faisons ici surtout référence à une situation où la mise en application d'un traitement particulier a favorisé une augmentation notoire des signalements d'abus sexuel.

Ces circonstances qui favorisent ou non la désignation de l'abus sexuel nous semblent directement reliées aux conditions de vie institutionnelles des intervenants ainsi qu'à leur position à la fois individuelle et professionnelle. Un des points saillants de notre analyse se situe précisément dans le processus d'interaction vécu par ceux que nous avons choisi d'appeler les sujets intervenants.

Nous avons décidé de traiter des **sujets** intervenants pour deux raisons. La *première* tient au fait qu'ils sont soumis à des impératifs bureaucratiques liés à la structure d'intervention actuelle. Par contre, nous savons que les intervenants peuvent agir pour contrer certains de ces impératifs.

En plus, l'idéologie de protection ainsi que les fondements mêmes du type d'intervention (de type service social) préconisé au sein de la structure d'intervention sont essentiels à leur viabilité professionnelle. N'oublions pas que ce sont des professionnels de tous les domaines rattachés aux sciences humaines et sociales qui ont participé au mouvement de protection de la jeunesse, mouvement ayant donné naissance à la structure d'intervention actuelle. Plus spécifiquement, ils ont été des partenaires actifs ou ont eu des représentants actifs dans l'élaboration du dispositif d'intervention actuel ; les conceptions professionnelles qui en découlent ne peuvent donc leur être complètement étrangères, ou du moins ne peuvent-ils radicalement les contester. Il n'en demeure pas moins, à la lumière de leurs témoignages, que le dispositif en place est l'objet de critiques et que, pour certains, les structures d'intervention vont à l'encontre d'autres idéaux professionnels reliés, par exemple, aux rapports qu'ils souhaiteraient entretenir avec leurs clients.

Dans ce contexte, il n'est pas étonnant de constater que des intervenants tentent d'élaborer des projets d'intervention nouveaux ou encore de personnaliser l'analyse des situations-problèmes qui leur sont soumises. Certains intérêts professionnels ne s'opposent pas directement à la recherche d'une vision plus compréhensive d'un problème. Malheureusement, les efforts déployés par ces intervenants peuvent s'inscrire dans des visées gestionnelles qui leur échappent parfois totalement. De ce point de vue, l'intervenant nous apparaît assujetti à la structure d'intervention malgré sa tendance à se préserver de son emprise.

La *seconde raison* qui nous a incitée à mener notre analyse selon la perspective des intervenants était notre souci de démontrer que les principaux intéressés, à savoir les « renvoyés » ou les usagers, n'ont pas vraiment de place dans la structure d'intervention actuelle. Les renvoyés en particulier sont ramenés à l'état d'objets. D'après nous, les intervenants occupent une bonne partie de l'espace qui devrait être réservé aux personnes qui demandent ou reçoivent des soins.

Soulignons tout de même ici que, dans les discussions ayant entouré l'institutionnalisation du problème de l'abus sexuel au Québec, aucun groupe d'enfants ou de parents aux prises avec un tel problème ne s'est fait entendre explicitement. Cet aspect demeure fondamental dans l'analyse du problème et de sa définition. Ce sont principalement des professionnels qui se sont faits les porte-parole de cette question, en ce qui concerne la manière de la voir, d'en parler et d'en circonscrire la portée.

En somme, et brièvement, nous avons choisi de présenter le modèle du processus définitionnel de l'abus sexuel en mettant l'accent sur des considérations institutionnelles, sur des intérêts d'ordre personnel et professionnel, sur la position des renvoyés ainsi que sur l'importance du langage.

Enfin, l'aboutissement de notre analyse nous amène à nous poser trois questions de fond : 1) Pourquoi le problème de l'abus sexuel a-t-il revêtu tant d'importance au cours des dernières décennies ? 2) Le problème de l'abus sexuel est-il un construit social ? 3) Quel peut être l'impact de la situation définitionnelle étudiée ? Nous ne pourrons répondre exhaustivement à ces questions, mais nous allons tout de même tenter certaines interprétations qui mériteraient d'être approfondies dans des recherches subséquentes.

L'IMPORTANCE DU PROBLÈME DE L'ABUS SEXUEL

Les abus sexuels ont occupé une grande importance dans le domaine de l'intervention sociale au Québec. Nous l'avons constaté encore plus explicitement dans l'analyse de relevés statistiques produits en matière de protection de l'enfance.

Cet état de fait n'est pas exclusif au Québec. Aux États-Unis, notamment, les cris d'alarme lancés à l'égard de ce problème, la multiplicité des écrits sur la question et la prise en charge étatique de la situation témoignent de l'intérêt marqué dans tous les États américains en ce qui concerne le phénomène des abus sexuels chez les enfants.

Malgré le fait que nous nous soyons limitée dans notre étude à l'analyse de la définition de l'abus sexuel à partir de témoignages d'intervenants travaillant au sein de la structure d'intervention au Québec, nous ne pourrions passer sous silence les aspects politiques et économiques qui font aussi partie de la définition de l'abus sexuel.

Sur le plan politique, la rentabilité du nouveau problème nous semble évidente. Dans une conjoncture économique où l'État se voit obligé de sabrer dans divers programmes gouvernementaux, nous croyons que la protection des enfants et surtout l'insistance sur les abus sexuels dont ils sont victimes justifient la légitimité de l'intervention étatique tout en attirant la sympathie populaire.

L'État, en se faisant le protecteur des enfants « mal aimés », « déresponsabilise » en quelque sorte l'ensemble des citoyens devant ce grave problème social qui soulève l'horreur générale. Cette « grosse machine » devient sécurisante en affichant sa capacité de s'occuper attentivement des plus démunis (en l'occurrence des enfants en cause dans la transgression d'un tabou sexuel). Ce sentiment s'accentue lorsqu'on diffuse des propos alarmistes auprès de la population.

La structure d'intervention est porteuse de cette réalité politique. Sa survie en tant qu'institution est conditionnée par l'une de ses fonctions sous-jacentes, celle d'être un appareil d'État au service de politiciens eux-mêmes à la merci des électeurs. Les budgets octroyés aux institutions dépendent des besoins qu'elles ont su mettre en évidence et populariser. Les institutions doivent donc fournir une image justifiant leur existence propre, en faisant la preuve qu'elles répondent à des besoins politiquement rentables. Plus encore, le nombre de personnes faisant l'objet d'un contrôle sera déterminant quant à l'octroi des budgets de fonctionnement. La tentation d'attirer et même de générer des clientèles et de rendre captifs certains cas découle à notre avis de cette réalité pragmatique qui s'exprime d'une manière sous-entendue dans notre étude.

La croisade en matière d'abus sexuel nous semble un terrain particulièrement privilégié pour légitimer la mise en place et le maintien d'une structure d'intervention. Par ricochet, les politiciens pourront s'y référer pour aboutir à un bilan positif de leur règne dans la mesure où la présentation des problèmes et surtout l'énoncé des solutions possibles auront été rassurants.

L'objet de l'abus sexuel a pris forme au milieu de conjonctures politiques et économiques qui ont contribué jusqu'à un certain point à sa reconnaissance ; les agents qui sont concrètement chargés d'en gérer la forme sont aussi dépendants de ces conjonctures qui déterminent à la fois la situation de l'objet et une partie de leur propre situation comme intervenants.

L'ABUS SEXUEL, UN CONSTRUIT SOCIAL ?

Le problème de l'abus sexuel est en quelque sorte un construit parce qu'il est le fruit d'un processus définitionnel largement extérieur aux situations-problèmes vécues par les personnes désignées comme victimes. L'examen des statistiques en matière d'abus sexuel nous a permis de voir que notre connaissance du problème était en bonne partie circonscrite aux activités et aux positions des personnes chargées de le définir et d'en calculer l'incidence dans des conjonctures bureaucratiques très particulières.

En regard de ces considérations, nous pouvons difficilement nous exprimer sur ce en quoi consiste réellement la question de l'abus sexuel chez les enfants.

Il existe indéniablement des enfants qui, dans leurs relations avec leurs proches, se sentent abusés sexuellement et le sont réellement. Leur propre interprétation de leur condition nous est pratiquement inconnue. Nous pouvons donc difficilement préciser, à leur place, comment ils vivent leur situation, tant sur le plan personnel que sur le plan institutionnel. Nous sommes tout de même consciente qu'ils peuvent demander à être protégés.

Notre examen de la structure d'intervention actuelle nous amène à nous interroger sérieusement sur les possibilités réelles de protection des enfants aux prises avec des conflits qu'ils pourraient eux-mêmes interpréter comme étant de l'abus sexuel. Dans les différents rapports de force en présence dans le processus actuel de définition de l'abus sexuel, nous pensons que les personnes directement en cause dans des situation d'abus sexuel n'ont pas réellement droit de parole.

Selon nous, les « architectes » des problèmes sociaux construisent les problèmes sur la base de la misère humaine qui, elle, a des fondements réels. L'expression de cette misère devrait davantage passer par la voix des clients et des véritables sujets qui demandent à être entendus et compris dans leur souffrance.

Actuellement, c'est la gestion, le calcul et le contrôle de la misère qui ont droit de cité, plutôt qu'une approche compréhensive de la condition humaine et des multiples champs définitionnels possibles pour la traduire. Ces champs eux-mêmes resteront toujours ouverts mais pourront constamment être alimentés par les mots de ceux qui arrivent à parler, par rapport à ceux qui se taisent.

NOTRE ANALYSE : SES AVENUES ET SES LIMITES

Globalement, il nous apparaît fondamental de comprendre les problèmes sociaux à partir des processus d'interprétation qui viennent s'y greffer. Ces processus peuvent comporter un certain degré d'aberration lorsque la manière de concevoir les problèmes humains s'éloigne trop des personnes en difficulté.

Nous avons étudié une partie seulement des interactions qui conduisent à la connaissance formelle d'une situation-problème. Nous nous sommes rendu compte de l'ampleur et de la complexité des rapports impliqués. Nous pouvons facilement en déduire que l'analyse approfondie du processus définitionnel de l'abus sexuel, susceptible de s'opérer au sein d'un groupe primaire (telle la famille) comporterait une série de dimensions comparables. Il pourrait alors s'agir de comprendre les interactions qui se produisent entre le groupe social, les enfants et les parents, lorsqu'une personne en arrive à révéler l'existence d'abus sexuel dans une famille. Il faudrait voir comment cette situation peut être interprétée en dehors de la connaissance que nous en avons lorsque des mécanismes officiels de contrôle sont enclenchés.

Surgirait alors la possibilité de saisir une sorte de discours du refoulé. Il deviendrait dès lors possible de comprendre une autre part de la réalité. Cette nouvelle conception, cependant, pourrait à son tour être posée comme une forme de construction de la réalité, puisqu'elle témoignerait encore de mécanismes d'élaboration correspondant à des interprétations différentes d'une même situation.

Par conséquent, nous en déduisons que toute situation comporte un degré d'élaboration et de construction de la réalité, quelle que soit la façon de l'envisager. Ce qui importe le plus dans l'analyse d'un problème social, c'est d'observer justement les rapports de force en présence dans la façon même d'envisager ce problème. Ces rapports de force, s'ils sont suffisamment mis en relief, peuvent permettre l'élaboration de nouveaux rapports de force. Ces derniers ne mèneront peut-être pas à l'effacement de la souffrance mais permettront peut-être de contrer pour un certain temps (juqu'à ce que de nouveaux rapports s'établissent) la prégnance de certains rapports autoritaires autour d'une situation.

Annexes

1. Le cadre théorique
2. La méthode de recherche

Annexe 1

Le cadre théorique _____

LES POINTS D'ANCRAGE POUR L'ÉTUDE
SUR LA PROTECTION DE LA JEUNESSE _____

Différentes perspectives théoriques ont alimenté notre analyse du processus définitionnel en matière d'abus sexuel. Le modèle interactioniste symbolique, en particulier, a inspiré une bonne partie de notre démarche. Mais au fur et à mesure que progressait notre analyse de la situation, nous nous sommes aussi référée à d'autres courants théoriques.

Du point de vue interactioniste, nous avons retenu principalement le modèle présenté par Blumer (1969). En ce qui a trait à l'analyse de l'émergence du problème des abus sexuels au Québec, nous avons fait référence, dès le départ, à Spector et Kitsuze (1977). L'œuvre de Goffmann (1961) traitant des institutions nous a aussi servi de point d'appui.

Trois moments précis ont marqué l'évolution de notre analyse. D'abord, un certain détachement du modèle interactioniste s'est produit après une première analyse du contexte d'émergence du problème de l'abus sexuel au Québec. Nous avons alors examiné d'autres avenues théoriques et différentes analyses de ce modèle (Krauze, 1968 ; Meltzer, Petras et Reynolds, 1975 ; Pitch, 1985 ; Taylor, Walton et Young, 1973 ; Van Outrive, 1977 ; Woolgar et Pawluch, 1984), afin d'être mieux en mesure d'élargir le paradigme théorique dans lequel nous nous étions inscrite a priori.

Enfin, il nous a fallu inclure de nouvelles assises théoriques à notre modèle de référence initial. Se sont donc ajoutés à notre grille d'analyse des travaux sur les bureaucraties (Krause, 1968; Dickson, 1968; Humphries, 1977), sur les mécanismes de renvoi (Faugeron, Fichelet et Robert, 1977; Faugeron, 1979; Zauberman, 1982), sur les représentations et l'analyse du discours (Balan et Jelin, 1980; Faugeron, 1976-1978; Robert, Lambert et Faugeron, 1976; Robert, 1978, 1984; Severin et Varinard, 1979), sur le travail social (Francq, 1982; Lascoumes, 1977; Lesemann et Renaud, 1980; Lévy et Moreau-Cap-de-Vielle, 1979; Toutot, 1982), sur le marxisme (Chamblis, 1969; Greenberg, 1981; Van Outrive, 1977; Brodeur, 1984), ainsi que l'étude de Dumont (1974) sur les idéologies. L'analyse sociopolitique des normes proposée par Landreville (1983), qui clarifie et ordonne des avenues théoriques nouvelles en criminologie, a aussi influencé notre travail d'analyse.

Dans la présentation suivante, nous allons d'abord tracer les lignes directrices du modèle interactioniste symbolique, puis nous préciserons ce que nous avons finalement retenu de ce modèle pour notre travail. Deuxièmement, nous ferons état de critiques qui nous semblent fondamentales relativement au modèle interactioniste. Ces critiques nous amèneront à dégager les raisons pour lesquelles notre recherche sur le terrain nous a conduite à nous référer à d'autres courants théoriques. Troisièmement, seront exposés les principaux courants théoriques qui se sont ajoutés à notre analyse de la définition de l'abus sexuel au Québec au sein d'une structure d'intervention.

Le modèle interactioniste

Dans le modèle interactioniste présenté par Blumer (1969), les idées de base, ou plutôt les images les plus prégnantes pour décrire le monde environnant (*roots images*), se posent au-delà de la prétention à l'objectivité. C'est la recherche des différentes significations accordées aux objets, plus que l'étude de leur nature intrinsèque, qui est proposée. Les principaux concepts retenus pour l'analyse de ces significations sont les suivants : les groupes de vie et les sociétés, l'interaction sociale, les objets, les humains en tant qu'actifs, l'action humaine et les différents points de jonction entre ces éléments.

Pour Blumer (1969), les différentes significations accordées aux objets sont des produits sociaux et des créations. Les significations qui prédominent sont formées à même différentes activités définitionnelles dans lesquelles les personnes en cause jouent un rôle actif dans un processus interactif. En d'autres termes, l'individu et son groupe de vie interagissent pour donner un sens aux objets qui les entourent. En cela, la définition d'un objet peut revêtir plusieurs significations selon le type de personnes, la nature de la société humaine et l'interaction sociale engagée. Il y a donc place, dans cette perspective, pour des redéfinitions constantes ; aussi le processus de désignation et d'interprétation d'un objet est-il un processus dynamique. L'enchaînement de l'action définitionnelle correspondrait à la somme des actes définitionnels isolés des différents membres d'une société. Dans cette optique, on peut difficilement en arriver à une définition globale et objective de ces différents ordres parcellaires de réalité.

Toutefois, les interactionistes soutiennent qu'il faut examiner le processus par lequel les significations accordées aux objets sont formées ou construites. Il s'agit alors moins de rechercher des facteurs déterminants que de retracer des liens dans l'action définitionnelle. Tout comme Blumer (1969), la plupart des interactionistes situent les individus au cœur même de l'action sociale, ou du processus définitionnel, plutôt que dans un ordre immuable érigé par des institutions ou par l'État. Ainsi l'individu, le *self*, joue un rôle clé dans le courant interactioniste où il est considéré moins comme un « être social » que comme un organisme vivant engagé dans une interaction sociale. De cette façon, l'image de soi est le fruit d'une interaction par laquelle un individu en arrive à se donner des significations personnelles en fonction de ses propres interprétations des différentes significations qu'on lui a accolées.

Plus près de nos préoccupations spécifiques, Spector et Kitsuze (1977) ont élaboré, dans une perspective interactioniste, une analyse explicite des problèmes sociaux qu'ils concluent essentiellement comme suit : le processus de définition des problèmes sociaux est associé aux activités et aux intérêts de certaines personnes ou certains groupes qui parviennent à faire émerger, de certaines conditions sociales, des problèmes sociaux.

Les auteurs étudient donc les problèmes sociaux en partant des individus qui sont parvenus à les faire émerger en tant que problèmes. Leur analyse met l'accent sur les intérêts individuels dans le processus de définition d'un problème social. Ils s'inscrivent donc dans une perspective interactioniste, puisqu'ils se penchent prioritairement sur la signification que revêtent pour certains individus l'émergence et le maintien d'un nouveau problème social.

Dans son œuvre *Asiles* qu'on peut qualifier de majeure, Goffmann (1968) s'inscrivait aussi dans une perspective interactioniste. Son approche particulière des institutions (*dramaturgical approach*) fait ressortir l'importance de la capacité d'adaptation des individus à toute situation sociale. À partir de l'observation quotidienne de la vie de reclus et plus spécifiquement dans la description de leurs modes d'adaptation, il a mis en relief la signification subjective de l'impact de l'institution totalitaire.

Par ailleurs, Kitsuze et Cicourel (1963) ont influencé notre analyse des procédés d'élaboration des statistiques produites en matière d'abus sexuel.

Pfohl (1977), de son côté, a fait ressortir l'importance de l'appartenance à un type de profession comme facteur pouvant favoriser la découverte ou la mise au jour d'un certain problème social. Étudiant les abus physiques d'enfants, il en est arrivé à la conclusion que les radiologistes aux États-Unis tirent des avantages de la dénonciation de la violence, d'autant plus s'ils ne sont pas personnellement liés aux familles contre lesquelles ils portent plainte. Ce mouvement aurait eu pour effet d'augmenter le taux d'incidence des abus physiques d'enfants aux États-Unis.

Ainsi, pour les interactionistes, les statistiques enregistrées au sein des appareils de contrôle ne témoignent pas tant de l'ampleur objective d'une question que de l'action définitionnelle et de ses aboutissements. Adhérant à cette conception du phénomène criminel ou d'un problème social, nous nous éloignons d'une certaine vision de la réalité criminelle pour nous inscrire davantage dans un courant phénoménologique qui s'attache principalement à l'étude des structures de perception de cette réalité. Par exemple, nous estimons que l'incidence statistique d'un problème peut surtout résulter des activités définitionnelles des personnes ayant contribué à la reconnaissance de ce problème.

Selon nous, le phénomène de l'abus sexuel au Québec doit donc être étudié à partir des différentes significations qu'il revêt chez les personnes ayant le pouvoir de définir et d'enregistrer des plaintes pour abus sexuel. Ajoutons que ces significations doivent être analysées en fonction de l'interaction des différents éléments en jeu dans le processus de définition du problème. Le modèle interactioniste symbolique nous aura permis, relativement à la compréhension de notre objet d'étude, de retenir ces dimensions dont nous venons de faire état.

Des interrogations sur le modèle interactioniste

Généralement, deux critiques principales sont formulées à l'endroit du modèle interactioniste. D'abord, on y déplore l'absence d'une analyse approfondie de la structure sociale à l'intérieur de laquelle les individus accordent un sens aux objets qui les entourent. Ensuite, on dénonce le fait que certains interactionistes ne prennent pas position sur les raisons pour lesquelles certains individus en arrivent à commettre des crimes — cette critique provenant surtout des tenants de la criminologie critique.

Certains auteurs estiment, selon une perspective économique politique, que le modèle interactioniste s'inscrit dans une perspective microsociologique où l'action définitionnelle [1] fait abstraction de la structure socio-économique

---

1. Ici, selon l'optique à laquelle nous nous référons, il serait plus opportun de parler de criminalisation primaire.

(Chamblis, 1969 ; Greenberg, 1981 ; Van Outrive, 1977). Dans cette optique, les interactionistes ont été taxés d'idéalistes ou d'« aristocrates de gauche ». L'œuvre de Goffmann (1961), notamment, a parfois été décrite comme une fresque légitimant diverses pratiques institutionnelles et favorisant le statu quo. Plus spécifiquement, certains critiques estiment que le fait, pour Goffmann, d'avoir décrit l'existence de mécanismes d'adaptation chez les reclus, malgré l'emprise exercée par l'institution totalitaire, aurait eu pour effet de limiter le questionnement de l'auteur à l'égard de ces institutions.

Plus près de notre objet d'étude, une première analyse du contexte d'émergence du problème de l'abus sexuel nous a conduite à élargir le paradigme interactioniste [2] dans lequel nous nous étions inscrite a priori. Au départ, nous situions l'analyse des problèmes sociaux à partir de l'action définitionnelle d'un petit groupe d'individus qui étaient parvenus à faire prévaloir leur définition de l'abus sexuel et avaient contribué à son institutionnalisation en tant que nouveau problème social. L'abus sexuel une fois institutionnalisé et intégré dans le champ de la praxis, il était évident que plusieurs personnes, autres que celles ayant amorcé le processus définitionnel, allaient continuer de donner forme à ce problème.

De plus, nous avons dû constater que le nouveau problème de l'abus sexuel allait être défini et traité au sein d'une organisation bureaucratique fort complexe. Nous avons alors décidé d'analyser plus à fond les mécanismes structurels existants, notre première analyse nous ayant permis d'en déceler l'importance dans le processus définitionnel. Le modèle interactioniste ne tient certes pas suffisamment compte de l'importance de facteurs spécifiques liés à la bureaucratie dans la genèse et la définition des problèmes sociaux. Par conséquent, le fait de porter notre attention sur des personnes intégrées dans une structure bureaucratique et de prendre en considération des facteurs inhérents à cette structure impliquait la nécessité de nous référer à d'autres modèles théoriques.

LES AUTRES POINTS D'ANCRAGE THÉORIQUES

En ce qui a trait aux agences de contrôle social, aux institutions et aux bureaucraties, nous nous sommes intéressée à des travaux qui en font ressortir le poids des impératifs de fonctionnement sous-jacents. Pour différents auteurs, les besoins économiques de fonctionnement de divers appareils étatiques sont liés à la notion de clientélisme (principalement

---

2. En nous référant plus spécifiquement au modèle proposé par Spector et Kitsuze (1977).

Krause, 1968) ; certains (entre autres Brodeur, 1984) ont même souligné le lien existant entre des accroissements budgétaires octroyés à des institutions et la génération artificielle de clientèles nécessaires à leur expansion. Ces travaux nous ont éloignée de l'idée selon laquelle des intérêts strictement individuels ou professionnels peuvent être à la base du processus définitionnel. Le fait d'envisager la possibilité de devoir tenir compte de certains impératifs de gestion (octroi de budgets, accroissement ou limitation du personnel) nous a amenée à prendre en considération ces facteurs dans l'analyse du problème que nous nous proposions d'étudier. L'ensemble des travaux consultés sur les bureaucraties nous a incitée à mettre en doute l'idée, soutenue par les interactionistes, que ce sont d'abord et avant tout des individus qui créent, globalement et selon leur gré, l'ensemble des arrangements institutionnels. Nous n'avons pas pour autant envisagé les structures d'organisation de contrôle social comme relevant d'un ordre immuable suivant lequel les personnes qui y sont engagées ne puissent concourir à leur donner forme. Nous allons tenter de rester à l'affût de ces différentes dimensions.

Les études sur le sujet des renvois (processus de références des « cas » à différents intervenants ou organismes) nous auront permis de nous intéresser directement à des opérations définitionnelles spécifiques. En essayant de comprendre les éléments qui font qu'une situation est référée ou non à d'autres acteurs à l'intérieur d'une structure formelle d'intervention, nous avons été à même d'analyser des mécanismes plus précis d'exclusion et d'inclusion de certaines situations-problèmes. Nous avons pu ainsi retracer différentes trajectoires amorcées à la suite de plaintes pour abus sexuel, ce qui nous a valu de découvrir l'existence de la gestion différentielle des cas. Par le fait même, nous nous sommes trouvée à identifier certains éléments associés à la reproduction des inégalités.

Par ailleurs, la sociologie des représentations nous a conduite à nous intéresser à l'analyse du discours. Nous allons tenter maintenant de relever les éléments qui nous ont le plus influencée dans l'analyse des discours et des représentations.

Dumont (1975) nous a incitée à envisager l'idéologie comme mécanisme de compréhension des discours et de leurs conditions de production. Pour l'auteur, l'idéologie dans le discours est fonctionnelle et peut être étudiée objectivement afin qu'en soit révélé le sens ou la fonction. Il propose, notamment, l'étude des procédés de dérivation que l'idéologie opère à travers la praxis (ou dans les situations concrètes). Cette analyse se rapporte, selon lui, à celle proposée par Freud au sujet de l'inconscient :

> À partir du discours idéologique, il s'agit d'effectuer le déplacement que suggère Freud pour la conscience personnelle. En gardant bien le sentiment, encore une fois que dans ce déplacement, le discours reste privilégié, sans quoi l'analyse descendrait indéfiniment vers des profondeurs où elle se perdrait, à

moins de statuer a priori sur quelque infrastructure. Ici aussi, la prospection doit porter sur la dérivation elle-même, et non pas chercher un éventuel et toujours fuyant point ultime. (F. Dumont, 1974, p. 122)

L'étude des contradictions inhérentes à tout discours social apparaît ainsi comme un point essentiel dans l'analyse du discours. Le fait de tenir compte de ces contradictions place cependant l'analyste dans une position inconfortable, celle d'admettre qu'il existe différents types de discours qui ne peuvent pas toujours être ramenés à un même mode d'interprétation. Dans cette optique, on peut avancer qu'à chaque type de discours correspond un questionnement qui lui est pertinent. Par contre, en inscrivant les idéologies comme des discours qui consacrent une cohérence provisoire à des éléments en contradiction, Dumont (1974) semble trouver, par l'analyse de ce déplacement, un terrain privilégié pour décrire l'essence même de ces « pratiques de convergence ». Il s'agit, entre autres choses, d'étudier le décalage entre ce qui se dit et ce qui se fait. Dumont parle alors de la possibilité d'élaborer une théorie critique de la connaissance :

Une théorie critique de la connaissance est alors possible révélant un décalage entre ce qui se dit et ce qui se fait. Elle met à jour le non-remplissement par une idéologie déterminée de cela même qu'elle implique. Ceci suppose que le registre du faire puisse être autonomisé et devienne son propre centre de référence. Les idéologies ne feront alors que s'y surajouter pour le voiler, le déformer ou au contraire le dévoiler, mais cette déformation lorsqu'elle existe pourra toujours objectivement être démontrée. (F. Dumont, 1974, p. 29)

Les fruits de cette démonstration ne pourraient cependant mener à l'élaboration d'une théorie unique. Désigné comme tel, l'aboutissement du travail se rapprocherait du discours idéologique en prétendant établir une cohérence qui rend compte de toutes les contradictions possibles.

Dumont (1974) se réfère à une distinction pertinente relativement à la position de l'analyste ou du regard scientifique. Il rappelle la différence qui existe entre les processus de rationalisation et d'intellectualisation, qui peuvent orienter la démarche scientifique. De son côté, le processus de rationalisation, en procédant par abstraction, déguise les éléments du conflit [3] dans un système significatif d'où sont retirés des éléments concrets (qui se prêtent mal au système d'abstraction conçu). Dumont (1974) estime que la science doit définitivement prendre le parti de l'intellectualisation, ce processus où le moi cherche à maîtriser ses pulsions en les rattachant à des idées avec lesquelles il peut consciemment jouer.

Dumont (1974) préconise donc que le chercheur s'attache à faire apparaître ce qui a été refoulé dans le discours par le biais de l'idéologie. Ce

---

3. Nous pouvons parler ici des contradictions inhérentes à tout discours social.

travail doit s'accomplir à partir de l'examen de la praxis et implique que le chercheur adopte une attitude de distanciation par rapport à lui-même et à son œuvre. Cette attitude de distanciation est généralement absente en présence de l'idéologie qui est une pratique à la fois de la « totalité » et de la « réduction », puisque l'idéologie procède en même temps par généralisation et par camouflage.

Notre analyse de la définition de l'abus sexuel au Québec selon des intervenants travaillant dans une structure bureaucratique est basée en partie sur ces questions de fond et ces considérations qui émergent principalement de l'œuvre de Dumont sur les idéologies.

Des études portant explicitement sur des idéologies professionnelles (entre autres celles de Faugeron, 1979, et de Lascoumes, 1977) nous ont, par ailleurs, amenée à considérer les positions des personnes en fonction du discours qu'elles entretiennent sur la déviance ou sur les problèmes sociaux. Des intérêts professionnels incitent certains agents à envisager le monde d'une certaine façon et ainsi à définir les questions sociales en fonction de leur expertise.

Selon nous, il ne pouvait être question, en regard de ces considérations, d'analyser un processus définitionnel en nous limitant strictement à l'étude d'intérêts personnels. Nous nous proposions donc d'analyser les abus sexuels au Québec à partir d'un processus définitionnel élargi. D'ailleurs, le matériel que nous avons recueilli en cours d'entrevues nous a permis d'analyser ce processus dans une perspective plus large.

Nous ne voulions pas, somme toute, tomber dans le piège de la sociologie des intentions. Par contre, il était impossible de négliger l'importance de certains intérêts personnels et professionnels dans la définition des problèmes sociaux. Nous avons donc tenté de prendre en considération plusieurs facteurs pour comprendre le processus définitionnel en matière d'abus sexuel au Québec.

Annexe 2

La méthode de recherche

LA MÉTHODOLOGIE QUALITATIVE SYSTÉMATIQUE

Notre méthode de recherche se fonde principalement sur la méthodologie qualitative systématique proposée par Glaser et Strauss (1967). Les auteurs situent quatre opérations majeures dans le processus de recherche qualitative qu'ils préconisent. Ces opérations consistent en :

1) l'accumulation de données théoriques pertinentes ;
2) la réalisation d'entrevues et le recensement de la documentation ;
3) l'analyse ;
4) l'élaboration d'un modèle théorique intégrateur.

Ces différentes opérations doivent être effectuées de façon concomitante plutôt que par étapes successives. Ainsi, l'analyse du matériel recueilli se réalise au fur et à mesure de la collecte de l'information. L'élaboration d'une grille d'analyse débute alors au moment où le chercheur commence son travail de recherche. Il s'agit donc de préciser sur une base continue l'importance et le potentiel conceptuel des données récoltées (tant au niveau théorique, documentaire qu'en entrevues), l'évolution subséquente de la recherche, le niveau de saturation de l'information et l'orientation de l'échantillon.

Cette méthode vise essentiellement à l'élaboration d'un modèle théorique intégrateur (*the grounded theory*) qui s'appuie tant sur des données théoriques que sur des données empiriques. La méthodologie qualitative visant à l'élaboration d'une nouvelle théorie à partir de données théoriques existantes (qui doivent être soumises à l'épreuve de données empiriques) relève avant tout d'une démarche analytique.

Glaser et Strauss (1967) parlent de « procédure analytique par comparaison constante » pour décrire le mode d'analyse qu'ils suggèrent. Intrinsèquement, la méthode de Glaser et Strauss (1967) est un modèle théorique de référence. Nous y avons puisé tous les éléments susceptibles de nous aider à systématiser notre démarche analytique. Par contre, la méthodologie qualitative systématique par comparaison constante n'échappe pas à certaines contradictions inhérentes à tout modèle scientifique.

Ainsi, même si les prescriptions fournies par les auteurs au sujet des opérations de recherche sont assez étayées, il n'en demeure pas moins que la réalisation concrète de ces opérations, dans l'analyse spécifique d'une situation de recherche, est soumise à des difficultés imprévues. À différents moments au cours de notre travail, nous nous sommes heurtée à des problèmes d'interprétation du matériel recueilli, principalement dans l'analyse des entrevues. Cela était inévitable en raison justement de cet exercice difficile consistant à soumettre le fruit des découvertes sur le terrain à l'épreuve des connaissances théoriques relativement à l'objet de recherche.

Qui plus est, en posant au point de départ que la connaissance de l'abus sexuel était tributaire des activités, des conceptions et des intérêts des personnes qui ont exercé une influence dans l'émergence et le maintien de la reconnaissance de ce nouveau problème, nous avons dû, dès lors, questionner l'objet même de l'objet de recherche qui portait à l'origine sur les abus sexuels. Devant ce genre de préoccupations, certains parleront de discours sur le discours. Il s'agissait donc pour nous d'analyser le discours sur l'abus sexuel et d'élaborer un modèle conceptuel (qui en soi est une forme de discours), et ce, à partir de l'analyse transversale de plusieurs discours.

C'est précisément au point de vue de l'analyse des discours que la référence à d'autres modèles d'analyse, qui n'entraient pas en contradiction avec celui de Glaser et Strauss (1967), s'est imposée. Toutefois, le fait de rester attachée à l'analyse du discours, selon les modalités de compréhension retenues, nous a permis de prendre une certaine distance par rapport à deux éléments fondamentaux de la méthodologie qualitative systématique.

D'abord, nous refusons d'accoler des propriétés définitives aux catégories conceptuelles [1] qui ressortent de l'analyse finale de la définition de l'abus

---

1. Les catégories conceptuelles sont des descriptions analytiques succinctes qui désignent des caractéristiques d'entités concrètes. Elles doivent nous livrer la signification la plus exacte

sexuel. Posons le fruit de cette analyse comme un modèle de compréhension et non comme une fin en soi. Il en découle comme deuxième considération que nous ne souscrivons pas à l'idée défendue par Glaser et Strauss (1967) selon laquelle il faut à tout prix aboutir à l'élaboration de théories formelles pour décrire les situations sociales.

Selon nous, la pertinence du modèle de Glaser et Strauss (1967) repose sur la nécessité de recourir à des modalités rigoureuses d'analyse pour décrire des situations sociales et humaines peu étudiées et qui se prêtent difficilement à la quantification. Il serait hasardeux de croire que l'on doit aboutir à tout prix à l'universalisation des découvertes qui en résultent. Selon nous, il faut rechercher les possibilités de généralisation de ces découvertes, mais c'est là davantage une idéalisation de la démarche scientifique qu'une vision réaliste de ses fonctions. Toute démarche scientifique est socialement située et la prétention à l'objectivité transforme les efforts de rationalisation en des entreprises quasi totalitaires, en ce sens qu'elles laissent miroiter l'idée d'une prise réelle et définitive sur le monde. Les situations humaines et sociales sont fluctuantes et l'optique selon laquelle nous parvenons à procéder à des catégorisations en vue de les situer renvoie à une vision parcellaire de la réalité qu'elle fonde en même temps qu'elle prétend la décrire.

Le modèle de processus définitionnel élargi auquel nous avons abouti, après avoir réalisé vingt-quatre entrevues auprès d'intervenants sociaux, comporte quatre grandes catégories conceptuelles qui pourraient se formuler comme suit :

1) la structure d'intervention, qui multiplie les renvois, compartimente les fonctions et qui sert à véhiculer un idéal ;

2) l'abus sexuel, qui prend la forme d'un objet uniformisé et imaginé ;

3) les sujets intervenants, qui deviennent les principaux acteurs ;

4) les statistiques sur les abus sexuels qui reflètent des rapports existant entre la structure d'intervention, l'objet et les sujets intervenants.

Les éléments de variation, dans le processus de définition de l'abus sexuel, ont été étudiés à partir de ces quatre composantes interactives.

Toutefois, même si ces catégories conceptuelles pourraient être définies comme le construit final de notre analyse, nous développerons notre étude en posant d'une manière plus neutre les entités fondamentales que nous avons voulu situer. Ainsi, il sera essentiellement question : 1) de la structure

---

possible des éléments essentiels qui composent le phénomène étudié, à partir à la fois de la connaissance empirique et des théories s'y rapportant.

d'intervention ; 2) des représentations sur l'abus sexuel comme objet ; 3) des sujets intervenants ; 4) des statistiques produites sur les abus sexuels. Nous avons donc opté dans la présentation de notre développement analytique pour un procédé plus descriptif. Nous espérions ainsi être en mesure de garder une certaine distance par rapport aux conclusions de notre analyse.

Nous allons maintenant présenter plus en détail notre processus de recherche. Pour ce faire, nous procéderons en quatre points. En premier lieu, nous présenterons, à un niveau théorique, notre compréhension de la procédure analytique de comparaison constante qui a guidé en partie notre méthode d'analyse. Nous aborderons ensuite la question de l'échantillonnage telle que posée dans l'optique de Glaser et Strauss (1967). En troisième lieu, nous apporterons des précisions sur notre échantillon final. Nous terminerons par une discussion sur la réalisation de nos entrevues.

LA PROCÉDURE ANALYTIQUE DE COMPARAISON CONSTANTE

La procédure analytique de comparaison constante comporte trois grandes étapes :

1) le codage immédiat du matériel recueilli ;
2) l'intégration de catégories conceptuelles et la compréhension de leurs propriétés ;
3) la délimitation d'une théorie.

La collecte des données

La première étape comporte un codage des informations recueillies en cours d'entrevue, des notes d'observation sur le terrain de même que l'accumulation de données théoriques et de la documentation pertinente.

Au départ, le chercheur doit se référer à différents travaux de recherche, afin d'inscrire les premiers jalons théoriques du domaine qu'il choisit d'étudier pour en arriver à déterminer certaines spécificités liées à la situation choisie. Toutefois, ces données théoriques sont posées à titre de concepts locaux (*local concepts*) permettant de fournir un profil général et transitoire à la recherche.

Tout au long du processus, le chercheur vise à identifier et à distinguer les concepts théoriques les plus appropriés (*sensitive concepts*) pour analyser les données recueillies sur le terrain. Cependant, le chercheur ne doit pas être contraint par ces éléments théoriques qui lui ont servi de point de départ. Ainsi, lors de la réalisation des entrevues ou en cours d'analyse, les concepts théoriques de base peuvent se révéler non pertinents pour la compréhension de la situation étudiée. Dès lors, il doit envisager de nouvelles perspectives théoriques lui permettant de mieux situer des éléments de variation quant à leur application dans le champ de la pratique.

Nous faisons une distinction entre l'accumulation de données théoriques et l'analyse de la documentation pertinente. La première fait davantage référence à la lecture d'ouvrages qui proposent une grille d'analyse théorique et qui ont permis l'élaboration de concepts théoriques spécifiques dans l'analyse de champs d'étude tels que les problèmes sociaux, la criminalité, etc. De son côté, l'analyse de la documentation pertinente porte sur des documents rattachés spécifiquement à l'objet d'étude et ne comportant pas nécessairement des qualités théoriques ou scientifiques évidentes.

La lecture et l'analyse de la documentation permettent l'acquisition de connaissances indispensables concernant différentes structures de même que certains processus et agents reliés à l'objet d'étude. Les informations contenues dans la documentation spécifique sur un sujet nous amènent à préciser certaines assises relatives à la recherche.

Dans le cas de notre étude, l'analyse des statistiques et des études produites dans le cadre spécifique de l'émergence du problème de l'abus sexuel au Québec nous a fourni des informations primordiales sur le processus d'intervention en matière d'abus sexuel et sur les conceptions les plus répandues à l'égard de ce problème. La documentation officielle produite dans un domaine précis par des personnes mandatées par l'État pour décrire une situation peut surtout être associée aux données empiriques. Ces données comportent des informations témoignant davantage de la situation d'observation que de la théorie. Toutefois, pour procéder à une analyse de la documentation produite, on doit nécessairement faire appel à un schème de compréhension qui relève d'éléments théoriques de base. Aussi cette analyse nécessite-t-elle au préalable une grille d'interprétation basée sur des perspectives théoriques précises.

Il existe donc, à notre avis, certaines limites à l'approche concomitante en ce qui a trait au matériel recueilli. Au départ, nous estimons que le chercheur doit déterminer certains fondements théoriques qui guideront sa lecture du matériel empirique. Malgré tout, ce qui importe le plus dans la procédure par comparaison constante, c'est que le chercheur accepte de réviser ses préceptes de départ au fur et à mesure que progresse l'analyse des données émergeant de ses fouilles plus directes sur le terrain.

L'élaboration de catégories conceptuelles

L'élaboration de catégories conceptuelles est le fruit de la confrontation entre les éléments théoriques (connus sur la question étudiée) et les données empiriques (recueillies sur le terrain). Au cours des premières étapes de la recherche, les efforts doivent être centrés sur l'établissement assez rapide des principaux secteurs qui seront étudiés et de l'angle sous lequel ils seront abordés. Même si l'on doit prévoir des changements, il n'en demeure pas moins qu'après la réalisation d'entrevues préliminaires, les principales catégories conceptuelles peuvent émerger. À ce moment-là, on aura à déterminer des catégories conceptuelles fondamentales par rapport à d'autres, plus secondaires. Ce processus requiert du temps et nécessite un approfondissement.

La recherche des facteurs et des éléments constituants à la base des catégories conceptuelles sert tout autant à l'élaboration définitive de ces catégories qu'à l'identification de leur importance dans la construction de la théorie. Lorsque des incidents nouveaux surviennent, ils doivent être directement intégrés, ou permettre d'indiquer des éléments de variation dans l'élaboration définitive des catégories. Les catégories conceptuelles comportent à la fois des traces des éléments théoriques de base et des dimensions qui émergent directement de la recherche sur le terrain. Il s'agit donc d'une démarche reposant sur des efforts d'intégration théorique, mais dans laquelle l'accent porte sur les données empiriques.

Toutefois, le codage du matériel théorique de base, de la documentation pertinente et des informations sur le terrain ne peuvent consister en un strict découpage thématique. La perspective de l'intégration constante théorie – données suppose une démarche analytique plus complexe. La méthode qualitative systématique par comparaison constante est une démarche ouverte et non pas seulement logico-descriptive, ni strictement inductive. Les efforts d'intégration sont facilités par la formulation, sur une base continue, de « mémos d'analyse ». Ces étapes d'intégration — sur une base continue — du matériel théorique et empirique permettront de redéfinir les concepts et leurs facteurs associés tout en favorisant l'intégration d'éléments nouveaux et la détermination de l'orientation subséquente de la recherche.

Dans l'optique qualitative, on doit étudier toute information en fonction de sa capacité intrinsèque à fournir une interprétation clé du phénomène étudié. En ce sens, ce n'est pas tant l'occurrence de son apparition que davantage son niveau de contribution au raffinement d'une théorie qui témoigne de sa valeur. Si des incidents surviennent qui ne s'inscrivent pas dans les tendances générales de l'interprétation et si les nouvelles tendances qui apparaissent se distinguent du corpus des informations récoltées, on analysera à fond ces tendances. On se servira alors des incidents anecdotiques pour évaluer et approfondir la valeur des facteurs associés aux catégories conceptuelles en formation. Parfois, le procédé de comparaison anecdotique peut amener à la vérification de la valeur d'un ensemble d'informations et conduire à l'élaboration définitive de la théorie.

En cours de recherche, par exemple, un informateur privilégié peut faire émerger un questionnement général quant à l'ensemble des catégorisations conceptuelles. Dans ce cas, un temps d'arrêt, la formulation d'un mémo d'analyse, la recherche d'autres perspectives et une lecture différente du matériel recueilli contribueront à consolider le schème général de la recherche. À partir des informations récoltées, on effectuera la comparaison des incidents pour chaque catégorie conceptuelle, afin d'en établir définitivement les facteurs inhérents. Le processus d'élaboration de catégories conceptuelles bien définies se compare au processus de validation d'hypothèses.

Le fait de circonscrire des facteurs spécifiques à des catégories conceptuelles et de découvrir avec quelle intensité ils interviendront dans un processus global ne s'éloigne pas radicalement de certaines méthodes quantitatives. Toutefois, les mesures de vérification ne sont pas les mêmes. L'analyse proposée repose sur le repérage d'aspects sensibles, plutôt que de se limiter à des mesures de fréquence et de grandeur, ou à de tendances centrales. Par ailleurs, la méthode de comparaison constante s'achève au moment de la saturation des données, c'est-à-dire lorsque la comparaison des incidents pour chaque catégorie conceptuelle ne permet pas d'établir de nouvelles relations ; ce n'est pas le cas de la méthode quantitative où la vérification des hypothèses s'opère selon des balises fixées à l'avance.

En fin de recherche, la maximisation des différences entre des groupes d'individus favorise la comparaison d'un nombre varié d'incidents, ce qui tend à renforcer la théorie.

La délimitation de la théorie

Comme telle, la théorie émerge par suite : 1) de la clarification de la logique ; 2) du retrait des facteurs non pertinents ; 3) de l'intégration des facteurs dans l'esprit général ou de l'argumentation globale des interactions des catégories. Pour ce faire, l'auteur doit procéder à la délimitation soignée des concepts de base de la théorie. Ces concepts ne doivent pas être trop abstraits ; ils doivent évoquer clairement des états, des entités ou des structures sociales concrètes.

Selon Glaser et Strauss (1967), la valeur de la théorie énoncée, fondée, délimitée ou écrite, sera tributaire de son potentiel explicatif pour de multiples situations comparables. Il s'agira alors d'une théorie formelle. Si les comparaisons intergroupes sont limitées, il sera davantage question d'une théorie substantive à caractère plus descriptif qu'explicatif.

L'ÉCHANTILLONNAGE DE TYPE
QUALITATIF OU THÉORIQUE

Contrairement aux techniques d'échantillonnage habituellement utilisées pour la méthode quantitative, le recours à la méthode qualitative exige que le choix de l'échantillon soit révisé tout au long de la recherche. Les facteurs qui conduisent au choix des personnes à rencontrer relèvent principalement de l'analyse continue du matériel recueilli. Cette forme d'échantillonnage est fondée sur la pertinence de l'inclusion d'un témoignage par rapport aux données qui émergent au fur et à mesure de l'intégration des informations.

Pour la réalisation des premières entrevues, Glaser et Strauss (1967) suggèrent au chercheur de rencontrer des personnes appartenant à des groupes assez homogènes. Cette minimisation des différences interindividuelles dans la phase initiale de la réalisation des entrevues lui permettrait d'approfondir un nombre plus restreint d'éléments reliés à la situation sociale à l'étude. Cela peut signifier qu'il soit préférable dans un premier temps de rencontrer, par exemple, des individus appartenant à la même entité administrative au sein d'une structure, ou encore de procéder à des entrevues avec des administrateurs avant d'aborder d'autres types d'intervenants. L'analyse de cette première somme d'informations permettrait par la suite au chercheur d'orienter le choix des futurs interviewés sans faire intervenir un nombre trop important de facteurs.

Si, au contraire, le chercheur rencontre diverses personnes appartenant à des groupes variés, Glaser et Strauss (1967) évoquent la possibilité d'un éparpillement des informations. Une telle méthode pourrait compromettre la genèse d'une théorie. Dans ce cas, le chercheur risquerait d'éprouver des difficultés dans l'intégration d'une multitude d'informations. Au bout du compte, cela pourrait entraver l'élaboration des catégories conceptuelles.

La question de l'échantillonnage de type qualitatif est très complexe. Le critère de l'homogénéité des groupes de personnes à rencontrer dans une première phase de la recherche nous apparaît difficile à respecter. L'approche concomitante par comparaison constante nous semble contraire à la détermination préalable d'un groupe homogène à interviewer. Plus précisément, l'optique consistant à ne pas établir a priori de choix théoriques définitifs est difficilement compatible avec le fait de se centrer au point de départ sur un groupe précis d'individus à rencontrer. Néanmoins, même si le cas était possible, le chercheur devrait s'interroger sur la signification du critère d'homogénéité en tant que tel. En d'autres termes, il serait justifié à se demander dans quelle mesure des groupes d'individus peuvent être considérés comme étant homogènes.

À notre avis, le critère de l'homogénéité des groupes de personnes à interviewer est difficile à atteindre et peut être remis en question.

En ce qui concerne notre étude, nous ne sommes pas arrivée à respecter ce critère au début de l'étape des entrevues. Précisons ici que la situation que nous tentions d'analyser comportait une caractéristique précise : en effet, la structure mise en place pour l'intervention en matière d'abus sexuel est fort complexe. Au départ, il nous était impossible de nous attarder à un groupe particulier d'intervenants, car nous ne parvenions point à identifier clairement le rôle des personnes intervenantes, ni même la spécificité d'un groupe ou d'un autre par rapport à cette question.

Nous avons dû, dans un premier temps, interviewer des personnes appartenant à divers groupes (ou entités administratives) et visiblement [2] toutes intéressées à la question des abus sexuels. C'est seulement après avoir réalisé et analysé neuf entrevues parmi ces personnes que nous avons pu sélectionner des groupes spécifiques d'individus à rencontrer. Et c'est seulement lors de nos derniers entretiens que nous avons pu être en mesure d'établir quels pouvaient être nos véritables groupes de comparaison. Par ailleurs, il nous a fallu être très vigilante dans l'établissement de certaines comparaisons. Pour nous, il n'était pas évident que le fait pour un individu d'appartenir à un groupe lui prêtait des caractéristiques assimilables à celles des autres personnes du groupe.

Nos éléments de comparaison ont surgi principalement au moment de notre analyse finale, à partir surtout de l'analyse de chacun des témoignages pris isolément. Il nous est apparu que les différences enregistrées d'un témoignage à l'autre peuvent difficilement être attribuables uniquement à l'appartenance à un groupe. Par ailleurs, la structure d'intervention (à l'intérieur de laquelle nous sélectionnions les personnes à rencontrer) comportant un nombre imposant d'intervenants, il nous était impossible de rencontrer un groupe au complet ou même quelques intervenants dans tous les groupes. Nous avons finalement choisi de rencontrer des personnes affectées à des contextes variés. Au fur et à mesure de l'évolution de notre travail, nous sommes parvenue à déterminer la pertinence de l'inclusion d'un témoignage, principalement à partir de la variété nécessaire et en fonction des informations qui se dégageaient des témoignages précédents.

En ce sens, nous avons fait face, d'une certaine manière, aux obstacles décrits par Glaser et Strauss au sujet de l'éparpillement possible de l'information

---

2. Certaines personnes avaient manifesté leur intérêt en écrivant des documents sur les abus sexuels. Dans d'autres cas, ce sont des individus travaillant au sein de la structure d'intervention qui nous ont référée à des personnes particulièrement préoccupées par la question.

par suite de la rencontre de groupes hétérogènes. Il reste qu'en raison de la situation sociale que nous tentions d'analyser, ces obstacles nous sont apparus difficilement contrôlables.

Il nous apparaît tout de même intéressant de souligner que ce mode d'action nous a conduite à des découvertes particulières au moment de notre analyse finale. L'éparpillement des informations était tel que leur intégration a exigé le recours à des modes de comparaisons qui différaient de la stricte comparaison entre des groupes d'individus. En cela, le procédé par comparaison anecdotique (à savoir l'utilisation d'un témoignage fortuit pour dégager la valeur d'autres témoignages) nous a été d'une grande utilité.

Il n'en demeure pas moins que la question de l'échantillon qualitatif n'a pas été résolue dans cette étude. Nous estimons que de nouveaux efforts de systématisation et de compréhension doivent être entrepris pour mieux circonscrire les possibilités et la valeur de ce procédé.

L'ÉCHANTILLON FINAL

Notre échantillon est composé de vingt-quatre intervenants[3]. La plupart d'entre eux étaient ou avaient été rattachés à trois Centres des services sociaux (CSS) différents, l'un de la région métropolitaine (CSSMM) et deux autres de l'extérieur de Montréal.

Nous avons rencontré trois administrateurs et plus de quinze agents de protection ou intervenants directs. Ces derniers étaient mandatés soit pour faire l'évaluation des plaintes, soit pour s'occuper de la prise en charge après l'évaluation. Pour la région de Montréal (CSSMM), nous nous sommes entretenue avec des agents rattachés à quatre bureaux[4] de services sociaux différents. Nous avons aussi interviewé trois personnes travaillant au Comité de la protection de la jeunesse, un juge et un agent chargé d'effectuer des placements en centre d'accueil.

LA RÉALISATION DES ENTREVUES

En ce qui concerne la réalisation des entrevues, nous avons généralement opté pour la non-directivité, c'est-à-dire que dans la mesure du possible, nous

---

3. Deux des personnes rencontrées avaient changé d'emploi au moment où nous avons réalisé nos entrevues.
4. Les bureaux de services sociaux sont rattachés au CSSMM et sont répartis par secteurs géographiques dans le grand Montréal.

avons évité de poser des questions précises, en dehors de celles relatives à des informations qui nous étaient fournies spontanément après l'exposé de notre consigne de départ. Cette consigne générale, conçue pour amorcer les entretiens, était la suivante :

> *J'étudie la question des abus sexuels au Québec. Pourriez-vous me parler de :*
>
> — *Comment vous définissez les abus sexuels ?*
>
> — *Comment se présentent, pour vous, les cas d'abus sexuel ?*
>
> — *Qu'est-ce que vous faites et qu'est-ce qui se passe lorsqu'une plainte pour abus sexuel est portée ?*

Les personnes rencontrées se sont montrées très loquaces une fois instruites de cette consigne. Leurs propos toutefois allaient dans plusieurs directions. Nous avons dû à quelques reprises inciter nos interlocuteurs à s'en tenir à la consigne de départ.

Par ailleurs, la difficulté pour les intervenants à décrire le fonctionnement bureaucratique dans lequel ils évoluent nous a forcée à formuler d'autres questions précises pour comprendre leurs propos. Aussi avons-nous dû parfois déroger à la règle de la non-directivité. Cet écart s'est produit principalement lorsque nous avons abordé certaines méthodes de référence ainsi que le rôle précis joué par les intervenants dans ces procédures de renvois.

De plus, dans certains cas, il nous est arrivé de nous écarter par mégarde de la règle de la non-directivité. Même si nous tentions le plus possible de nous limiter à faire préciser aux personnes interviewées leur propos, nous nous sommes vue obligée de poser des questions plus directives au cours d'entretiens particulièrement denses. Dans l'analyse du matériel recueilli, nous avons essayé de corriger cette lacune en retranchant des informations qui émanaient de ces questions plus directives. Nous avons aussi effectué régulièrement des reformulations, afin de vérifier auprès des personnes interviewées si nous comprenions bien le sens des informations révélées. Ainsi, lorsqu'un intervenant abordait un thème déjà discuté par des répondants antérieurs, il nous arrivait de lui demander des clarifications dans le cas où certaines incohérences ou contradictions surgissaient à partir des nouvelles informations obtenues.

Toutes les personnes à qui nous avons demandé de nous accorder un entretien ont accepté de le faire. Les entrevues ont duré entre une heure trente et trois heures. Sauf dans trois cas, nous les avons enregistrées sur bande magnétique et, par la suite, transcrites pour analyse. Les trois entretiens non enregistrés ont été transcrits de mémoire sous forme de verbatim.

Bibliographie

AMANAT, E. (1981), « Borderline Psycho-pathology and Incest », *Three Further Clinical Cases of Childhood* (D.C. Gilpin, dir.), New York, S.P. Medical Scientific Books.

AUBUT, J. et Y. LAMONTAGNE (1980), « Le traitement des déviants sexuels », *Perspectives psychiatriques, III*, 1-12.

AUBUT, J., B. LAMOUREUX et G. LEBHOURIS (1980), « Le traitement des délinquants sexuels », *Cahiers internationaux Pinel, 1*, 21-31.

AVIRAM, V. et S.P. SEGAL (1973), « Exclusion of the Mentally Ill », *Archives of General Psychiatry, 29*, 126-131.

AWAD, G.A. (1976), « Father-son Incest : a Case Report », *Journal of Nervous and Mental Disease, 162* (1), 135-139.

BAGLEY, C. (1967), « Incest Behavior and Incest Taboo », *Social Problems, 16* (14), 507-519.

BALAN, J. et E. JELIN (1980), « La structure sociale dans la biographie personnelle », *Cahiers internationaux de sociologie, LXIX*, 269-290.

BELTRAMI, E., M. COUTURE et coll. (1982), « La pédophilie homosexuelle incestueuse et non incestueuse au Québec », *La sexualité au Québec : perspectives contemporaines*, Montréal, IRIS, 165-180.

BERTRAND, M.-A. (1979), *La femme et le crime*, Montréal, Aurore.

―――― (1983), *Recension des écrits sur la pathologisation des comportements féminins et la victimisation des femmes*, Université de Montréal, Rapport de recherche.

BIGRAS, J. et coll. (1966), « Le sens moral et le masochisme dans l'inceste père-fille. En deçà et au-delà de l'inceste chez l'adolescente », *Canadian Psychiatric Association Journal, 2* (3).

BLANCHET, B. et P. PINARD (1987), *Le concept de protection : une comparaison Québec Ontario*, dossier thématique, Commission d'enquête sur les Services de santé et les Services sociaux du Québec, Les publications du Québec.

BLUMER, H. (1969), *Symbolic Interactionism Perspective and Method*, Englewood Cliffs, New Jersey, Prentice Hall.

―――― (1971), « Social Problems as Collective Behavior », *Social Problems, 18*, 298-306.

BOISMENU, G. et J.-J. GLEIZAL (1988), *Les mécanismes de régulation sociale. La justice, l'administration, la police*, Montréal, Boréal et Lyons, les Presses universitaires de Lyons.

BORUS, J.F. (1981), « Sounding Board. Desinstitutionnalization of the Chronically Mentally Ill », *The New England Journal of Medecine*, 305 (6), 339-342.

BRIERE, J. (1984), *The Effects of Childhood Sexual Abuse on Later Psychological Functioning : Defining a Post Sexual-Abuse Syndrome*, paper presented at the Third National Conference on Sexual Victimization of Children's Hospital National Medical Center, Washington.

BRODEUR, J.-P. (1984), « La criminologie marxiste : controverses récentes », *Déviance et société*, Genève, 8, 43-70.

BURGASS, A.W. et L.H. HOLMSTROM (1979), *Rape : Crimes and Recovery*, Bowie, Prentice Hall.

CENTRE DE DOCUMENTATION DU BCJ (1985), *Dossier de presse : l'inceste*, Montréal, Bureau de consultation jeunesse.

CHAMLISS, W. (1978), *On the Take : From Petty Crooks to Presidents*, Bloomington, Indiana University Press.

COHEN, S. (1985), *Visions of Social Control*, Cambridge, Cambridge University Press.

COMITÉ POUR LA PROTECTION DE LA JEUNESSE (1977), *Premier rapport d'activités*, gouvernement du Québec, ministère de la Justice.

———— (1980), *Rapport annuel 1979-1980*, gouvernement du Québec, ministère de la Justice.

———— (1984), « La protection sociale des enfants victimes d'abus sexuel. Où en sommes-nous au Québec ? », *Études et Recherches* (cahier-synthèse), gouvernement du Québec, ministère de la Justice.

COMITÉ DE RECHERCHE EN CRIMINOLOGIE et CENTRE DE DROIT DE LA FAMILLE, FACULTÉ DE DROIT, UNIVERSITÉ CATHOLIQUE DE LOUVAIN, LOUVAIN-LA-NEUVE, BELGIQUE (1983), *Recherche-action sur la violence familiale et régulation de la protection de la jeunesse*, Vienne, communication au Congrès international de criminologie.

COMITÉ SUR LES INFRACTIONS SEXUELLES À L'ÉGARD DES ENFANTS ET DES JEUNES (1984), *Infractions d'ordre sexuel contre des enfants au Canada : Rapport*, Canada, ministère des Approvisionnements et Services.

COMMISSION D'ASSURANCE-MALADIE DU QUÉBEC SUR LE PROBLÈME DES GARDERIES ET DE LA PROTECTION DE L'ENFANCE (1944), *Rapports*, Québec.

COMMISSION D'ENQUÊTE SUR LA SANTÉ ET LE BIEN-ÊTRE SOCIAL (1970), *Rapports*, gouvernement du Québec.

COMMISSION D'ENQUÊTE SUR LES SERVICES DE SANTÉ ET LES SERVICES SOCIAUX (1988), *Rapport*, Québec, Les Publications du Québec.

COMMISSION DES ASSURANCES SOCIALES DU QUÉBEC (1933), *Rapports*, Québec.

COMMISSION PARLEMENTAIRE SPÉCIALE SUR LA PROTECTION DE LA JEUNESSE (1982), *Rapport et annexes*, Québec, Direction générale des publications gouvernementales du ministère des Communications.

CORMIER, B. (1980), « Vie sexuelle des enfants et des adultes : continuité et rencontre », *Les états de danger et la Loi sur la protection de la jeunesse*, Association des Centres des services sociaux du Québec, 163-178.

CORMIER, B., Y. BOGOPOLSKY et R. FUGERE (1983), *Expérience en criminologie clinique : intégration de la médecine, de la psychiatrie et des sciences humaines*, texte présenté au 2e Congrès mondial des services médicaux pénitenciaires, Ottawa, Canada.

CORMIER, B., M. KENNEDY et coll. (1962), « Psychodynamics of Father-daughter Incest », *Canadian Psychatric Association Journal, 7* (5), 203-217.

DAMOURS, O. (1982), *Survol historique de la protection de l'enfance au Québec, de 1608 à 1977*, Annexe 1, « Aspects historiques », rapport de la Commission parlementaire spéciale sur la protection de la jeunesse, Direction générale des publications gouvernementales du ministère des Communications.

DAY, P.R. (1981), *Social Work and Social Control*, Londres, Tavistock.

DE FRANCIS, V. (1965), *Protecting the Child of Sex Crime Commited by Adults*, Denver, The American Humane Association.

DELEURY, E., J. LINDSAY et M. RIVET (1978), « Historique et analyse de la Loi de la protection de la jeunesse », *Intervention, 52.*

DICKSON, D.T. (1968), « Bureaucracy and Morality. An Organizational Perspective on a Moral Crusade », *Social Problems, 16,* 143-146.

DONGLOIS, M. (1985), « Un nouveau contrat social est-il possible ? », *Carrefour des affaires sociales, 7* (3), 6-8.

DUBREUIL, G. (1962), « Les bases psycho-culturelles du tabou de l'inceste », *Canadian Psychiatric Association Journal, 7* (5), 218-234.

DUMONT, F. (1974), *Les idéologies*, Paris, Presses universitaires de France.

DUMONT, F. et N. GAGNON (1973), « Présentation », *Recherches sociographiques, XIV,* 153-156.

EDELMAN, M. (1977), *The Political Language of the Helping Professions*, New York, Academic Press.

FAUGERON, C. (1978), *Le renvoi : idéalisation des pratiques ou pratiques idéologiques*, Annales de Vaucresson.

—— (1979), « Le renvoi : idéologisation des pratiques ou pratiques idéologiques », *Actes du Colloque de Vaucresson : le contrôle social et la déviance*, Paris.

—— (1979-1980), « Entre régulations et prises en charge spécialisées : le renvoi du déviant », *Crime et justice* (Canada), *7 et 8,* 251-259.

FAUGERON, C., M. FICHELET et P. ROBERT (1977), *Le renvoi du déviant*, rapport de recherche, Paris.

FILSTEAD, W.J. (1972), *An Introduction to Deviance*, Markham Publishing Company, 162-169.

FINKELHOR, D. (1979), *Sexually Victimized Children*, New York, Free Press.

FOGLIA, P. (1989), « Série : L'histoire de Louise », *La Presse* : « L'histoire de Louise », 11 février, A1 et A2 ; « Les blues de la bulle », 13 mars, édition spéciale, A5 ; « Le maudit mot », 14 mars, A5 ; « Le monde est petit », 15 mars, A5 ; « L'ami Bill », 16 mars, A5 ; « Un aigle et une poubelle », 17 mars, A5 ; « Coupable », 18 mars, A5 ; « Des nouvelles de Louise », 29 avril, A5.

FOUCAULT, M. (1976), *La volonté de savoir*, Gallimard.

FOUCAULT, P. (1980), « Conséquences psychologiques d'un inceste, I », *Revue québécoise de psychologie, 1* (1), 37-51.

—— (1980), « Conséquences psychologiques d'un inceste, II », *Revue québécoise de psychologie, 1* (2), 38-57.

FOURNIER, L. et coll. (1982), *Rapport sur la santé mentale de clients du Réseau d'aide aux personnes seules et itinérantes du Montréal Inc., telle que perçue par les intervenants*, Montréal.

FRANCQ, B. (1982), « Comment les politiques sociales se sont-elles constituées en Belgique ? », *Revue internationale d'action communautaire*, (7), 9-30

FREEDMAN, A.M., H.I. KAPLAN et R.D. SADOCH (1975), *Comprehensive Textbook of Psychiatry* (2ᵉ éd.), Baltimore, Williams & Wilkins.

GAGNON, J.-H. (1972), « Female Child Victims of Sex Offenders », *Social Problems*, 176-191.

GIARETTO, H. (1976), « The Treatment of Father-daughter Incest : A Psychosocial Approach », *Children Today*, 5 (4), 25-35.

GIBBS, J.P. (1982), *Social Control Views from the Social Sciences*, California Sage Publications.

GLASER, B.G. et A.L. STRAUSS (1967), *The Discovery of Grounded Theory : Strategies for Qualitative Research*, Chicago, Aldine.

GODBOUT, J.-T. (1987), *La démocratie des usagers*, Montréal, Boréal.

GODBOUT, J.-T., M. LEDUC et J.P. COLIN (1987), *La face cachée du système. Recherche 22*, Commission d'enquête sur les Services de santé et les Services sociaux du Québec, Les Publications du Québec.

GODBOUT, J.-T. et C. PARADEISE (1988), « La gestion néo-corporatiste du social », *Revue internationale d'action communautaire, 19*, 59, 97-105.

GOFFMANN, E. (1968), *Asiles*, Paris, Éditions de minuit (traduction française de R. Castel, 1968). Texte original paru en 1961.

GORDON, L. (1980), « Family Violence, Feminism and Social control », *Feminist Studies, 12* (3), 453-479.

GOULDNER, A.W. (1973), *For Sociology*, New York, Basic Books.

———— (1979), *The Future of the Intellectuals and The Rise of the New Class*, Londres, Macmillan.

———— (1989), « Pour une sociologie réflexive », *La revue du Mauss, 4*, 11-26.

GOUVERNEMENT DU QUÉBEC (1985), *Le système de santé et des services sociaux du Québec*, ministère des Affaires sociales.

GREENAWAY, W.K. et S.L. BRICKEY (1978), *Law and Social Control in Canada*, Scarborough, Prentice-Hall of Canada.

GREENBERG, D.F., dir. (1981), *Crime and Capitalism*, Palo Alto, Ca., Meryfield Publications.

GROTH, N., A.W. BURGESS et L.L. HOLMSTROM (1977), « Rape : Power, Anger, and Sexuality », *American Journal of Psychiatry, 134*, 1239-1243.

HARBERT, T.L., M. HERSEN et coll. (1974), « Measurement and Modification of Incestuous Behavior : a Case Study », *Psychological Reports, 34*, 79-86.

HEBBERECHT, P. (1985), « Le processus de criminalisation primaire », *Déviance et société*, Genève, 9, 59-77.

HENDERSON, D.J. (1972), « Incest, a Systhésis of Data », *Canadian Psychiatric Association Journal, 17* (4), 299-313.

HERMAN, J.L. (1981), *Father Daughter Incest*, Cambridge, Harvard University Press.

HEWITT, J.P. et P.M. HALL (1973), « Social Problems, Problematic Situations and Quasi-Theories », *American Sociological Review, 38*, 367-375.

HUMPHRIES, D. (1977), « The Movement to Legalize Abortion : A Historical Account », *Corrections and Punishment* (D.F. Greenberg, dir.), Beverly Hills, Ca., Sage Publications.

JUSTICE, B. et R. JUSTICE (1979), *The Brooken Taboo*, New York, Human Sciences Press.

KANHN, E. (1965), « On Incest and Freud's Œdipus Complex », *Confinia Psychiatry, 40,* 193-252.

KELTNER, A., N. SCHARF et R. SCHELL (1978), « The Assessment and Training of Assertive Skills with Sexual Offenders », *Correctional and Social Psychiatry and Journal of Behavioral Technological Methods and Therapy, 24,* 88-92.

KEMPE, R.S. et H. KEMPE (1978), *Child Abuse,* Cambridge, Harvard University Press.

KENNEDY, M. et B.-M. CORMIER (1969), « Father-daughter Incest : Treatment of the Family », *Laval Medical, 40,* 193-252.

_____ (1969), « Father-daughter Incest : Treatment of the Family », *Laval Medical, 40,* 946-950.

KILMANN, P.R., R.F. SAVALIS et coll. (1982), « The Treatment of Sexual Paraphilias : A Review of The Outcome Research », *The Journal of Sex Research, 18* (3), 193-252.

KINSEY, A.C., W.B. POMEROY et C.E. MARTIN (1948), *Sexual Behavior in the Human Female,* Saunders, Philadelphia.

KINSEY, A.C., W.B. POMEROY, C.E. MARTIN et P.H. GEBHARD (1953), *Sexual Behavior in the Human Female,* Saunders, Philadelphia.

KIRK, S.A. et M.E. THERRIEN (1975), « Community Mental Health Myths and the Fate of Former Hospitalized Patients », *Psychiatry, 38,* 209-217.

KITSUZE, J.I. et A. CICOUREL (1963), « A Note on the Uses of Official Statistics », *Social Problems, 12,* 131-139.

KRAUSE, E.A. (1968), « Functions of a Bureaucratic Ideology : Citizen Participation », *Social Problems, 16,* 122-143.

LABERGE, D. (1988), « D'une forme instituée à une autre : considérations sur l'analyse de la désinstitutionnalisation », *Revue internationale d'action communautaire, 19-59,* 33-41.

LAFLAMME-CUSSON, S. et M. BARRIL (1975), *La détention des mineurs,* vol. 1, 2, 3, rapports de recherche, recherche subventionnée par le ministère des Affaires sociales du Québec.

LAFLAMME-CUSSON, S. et H. MANSEAU (1979), *Après le centre d'accueil,* Montréal, Bureau de Consultation Jeunesse.

LAMONTAGNE, Y. et C. LACERTE-LAMONTAGNE (1977), *L'attentat sexuel contre les enfants,* Ottawa, Les Éditions La Presse.

LANDIS, J. (1956), « Experience of 500 Children With Adult Sexual Deviation », *Psychiatric Quarterly, 30,* 91-109.

LANDREVILLE, P. (1983), *Normes sociales et normes pénales. Notes pour une analyse socio-politique des normes,* cahier 12, Cahiers de l'École de criminologie de l'Université de Montréal.

_____ (1986), « L'évolution théorique en criminologie : l'histoire d'un cheminement », *Criminologie, 19* (1), 11-33.

LANGSLEY, D.G., M.N. SCHWARTZ et coll. (1968), « Father-son Incest », *Comprehensive Psychiatry, 9* (3), 218-226.

LAPERRIÈRE, A. (1982), « Pour une construction empirique de la théorie : la nouvelle école de Chicago », *Sociologie et sociétés, XIV,* 31-42.

LASCOUMES, P. (1977), *Prévention et contrôle social,* Genève, Médecine et Hygiène.

_____ (1977), « Le travail social idéalisé, contesté, situé », *Déviance et société,* Genève, *3,* 341-361.

_____ (1981), « Le contrôle social : bon sujet, mauvais objet », *Sociologie du Sud-Est, 28-29,* 16-32.

LEMAY, J.-B., L. HUARD et J. LACROIX (1981), *Le traitement de l'inceste dans l'Outaouais*, document inédit d'un groupe de travail (disponible au Comité de la protection de la jeunesse).

LEMIEUX, M. et R. PELLETIER (1980), « Avantages pour les enfants d'une approche non judiciaire et familiale dans les cas d'abus sexuels », *Actes du symposium international : Enfance et Sexualité*, Montréal, Études vivantes, 660-669.

LESEMANN, F. (1981), *Du pain et des services*, Montréal, Éditions coopératives Saint-Martin.

LESEMANN, F. et G. RENAUD (1980), « Loi 24 et transformation des pratiques professionnelles en service social », *Intervention, 58,* 25-57.

LEVI-STRAUSS, C. (1969), *The Elementary of Kinschip* (éd. revue), Boston, Reacon (première version parue en 1969).

LÉVY, J.-J., H. MANSEAU et A. DUPRAS (1981), « Le viol au Québec », *La sexualité au Québec* (J.-J. Lévy et A. Dupras, dir.), Montréal, IRIS, 190-204.

LÉVY, R. et G. MOREAU-CAP-DE-VIELLE (1979), « Les contrôles sociaux spécialisés, pratiques et conceptions », *Actes du Colloque de Vaucresson : le contrôle social et la déviance*, Paris.

LOSEKE, D.R. (1987), « Lived Realities and the Constrution of Social Problems : The Case of Wife Abuse », *Symbolic Interaction, 10* (2), 229-243.

LUSTIG, N. et coll. (1966), « Incest, A Family Group Survival Pattern », *Archives of General Psychiatry, 14* (1), 31-40.

MANSEAU, H. (1982), « Les projets de réforme en matière d'infraction sexuelle au Canada », *Revue québécoise de sexologie, 2,* 190-204.

———— (1983), *Les courants thérapeutiques en matière d'inceste*, dissertation de doctorat présentée à M. Emerson Doyon, École de criminologie de l'Université de Montréal.

———— (1986), « L'inceste en tant que phénomène sexologique », *Psychothérapies, 1,* Genève, 59-64.

———— (1987), « Sexualler Mibrauch und Soziale Kontrolle », *Verlag Medical Tribune G Mbh,* Wiesbaden, 245-252. (Ce chapitre de livre est la traduction allemande d'une communication scientifique prononcée à Heidelberg lors du 8ᵉ Congrès international de sexologie.)

———— (1988), « La définition ou la fabrication de l'abus sexuel d'enfants au Québec », *Revue internationale d'action communautaire, 19-59,* 41-49.

———— (1988), « L'inceste en tant que phénomène sexologique », *Perspectives psychiatriques, 14,* IV (seconde édition de l'article publié précédemment dans *Psychothérapies,* 267-271).

MANSEAU, H. et coll. (1983), *Délinquants sexuels : évaluation et traitement*, Montréal, Département de sexologie ; recherche subventionnée par le ministère de la Justice du Québec.

MAROIS, M. et C. MESSIER (1982), *L'inceste : une histoire à trois et plus... Apprendre à les aider*, Études et recherches, cahier 3, Comité de la protection de la jeunesse, gouvernement du Québec.

MAROIS, M.-R. et L.-A. PERREAULT (1977), *L'intervention sociale auprès des enfants maltraités*, gouvernement du Québec, ministère de la Justice.

MARTIN, G. et C. MESSIER (1977), *L'enfance maltraitée... ça existe aussi au Québec*, Études et recherches, Comité de la protection de la jeunesse, gouvernement du Québec.

MAYER, R. et L. GROULX (1987), *Synthèse-critique de la littérature sur l'évolution des services sociaux au Québec depuis 1960*, Synthèse-critique 42, Commission d'enquête sur les Services de santé et les Services sociaux du Québec, Les Publications du Québec.

McCAGHY, C.H. (1968), « Drinking and Deviance Disovowal : the Case of the Child Molesters », *Social Problems, 16,* 43-49.

McINTYRE, K. (1981), « Role of Mothers in Father/Daughter Incest : A Feminist Analysis », *Social Work, 26,* 462-466.

MEISELMAN, K.C. (1978), *Incest,* San Francisco, Johnny Bass Publishers.

MELTZER, B.N., J.W. PETRAS et L.T. REYNOLDS (1975), *Symbolic Interactionism : Genesis, Varieties and Criticism,* Boston, Routledge and Kegan Paul.

MERCIER, C. (1986), « L'intervention à l'hôpital psychiatrique à l'ère de la déshospitalisation », *Santé mentale au Canada, 34* (3), 15-20.

———— (1987), *La désinstitutionnalisation : orientation des politiques et distribution des services,* Synthèse-critique 25, Commission d'enquête sur les Services de santé et les Services sociaux du Québec, Les Publications du Québec.

———— (1981), *Violence et sexualité,* Recherche-pilote, Montréal, document inédit (disponible au Comité de la protection de la jeunesse).

MESSIER, C. et J. de CHAMPLAIN (1984), *La protection sociale des enfants victimes d'abus sexuels... où en sommes-nous au Québec ?,* Études et recherches, cahier 5 et cahier-synthèse, Comité de la protection de la jeunesse, gouvernement du Québec.

MILLER, L. (1987), « Uneasy Alliance : Woman as Agents of Social Control », *Canadian Journal of Sociology, 12* (4).

MINISTÈRE DE LA JUSTICE (1979), *Colloques régionaux sur la violence,* Québec, gouvernement du Québec.

MONEY, J. et J.D. WEINRICH (1983), « Juvenile, Pedophile, Heterophile : Hermeneutics of Science, Medecine, and Law in Two Outcome Studies », *Medecine and Law, 2,* 39-54.

MORIN, L. (1981), « Les techniques d'évaluation de l'intervenant psycho-social devant le Tribunal de la Jeunesse et la Cour Supérieure », *Revue de droit, 11,* 592-605, Université de Sherbrooke.

NASJLETI, M. (1980), « Suffering in Silence : The Male Incest Victim », *Child Welfare, LIX,* 269-276.

OUELLET, F. et C. LAMPRON (1987), *Bilan des évaluations portant sur les services sociaux,* Synthèse-critique 43, Commission d'enquête sur les Services de santé et les Services sociaux du Québec, Les Publications du Québec.

PETRONIK, M. (1982), « The Politics of Dangerousness », *International Journal of Law and Psychiatry, 5,* 225-253.

PFHOL, S.J. (1976), « The Discovery of Child Abuse », *Social Problems, 23,* 310-323.

PITCH, T. (1985), *Critical Criminology, The Construction of Social Problems and the Question of Rape,* Université de Péruge (texte soumis pour publication).

PITTMANN, F. (1976), « Counseling Incestuous Families », *Medical Aspects of Human Sexuality, 10,* 57-58.

POUPART, J. (1981), « La méthodologie qualitative en sciences humaines : une approche à redécouvrir », *Apprentissage et socialisation, 4,* 41-47.

POUPART, J., J. DOZOIS et M. LALONDE (1982), « L'expertise de la dangerosité », *Criminologie, XV* (2), 7-25.

PROVOST, M. (1987), *Les nouveaux phénomènes sociaux : la catégorie sociale « jeunesse »,* Synthèse-critique 5, Commission d'enquête sur les Services de santé et les Services sociaux du Québec, Les publications du Québec.

QUINSEY, V.L. (1973), « Methodological Issues in Evaluating the Effectiveness of Aversion Therapies for Institutionalized Child Molesters », *The Canadian Psychologist, 14* (4), 350-361.

———— (1977), « The Assessment and Treatment of Child Molesters : a Review », *Canadian Psychological Review, 18* (3), 204-219.

RAINS, P. (1975), « Imputations of Deviance : A Retrospective Essay on the Labeling Perspective », *Social Problems, 23*, 1-11.

RENAUD, G. (1978), *L'éclatement de la profession en service social*, Montréal, Éd. coopératives Albert Saint-Martin.

RIOUX-GOUGEON, G. et J.-F. BOULAIS (1984), *Développement d'une approche intégrée sociale et judiciaire en matière d'abus sexuel et établissement d'un protocole de coopération entre les divers niveaux d'intervention*, rapport du groupe de travail sur les abus sexuels de la région du Montréal métropolitain.

ROBERT, P. (1977), « Les statistiques criminelles et la recherche. Réflexions conceptuelles », *Déviance et société, 1*, 3-27.

———— (1984), *La question pénale*, Genève, Librairie Droz, 33-117.

ROBERT, P., T. LAMBERT et C. FAUGERON (1976), « Image du viol collectif et reconstruction d'objet », *Déviance et société*, Paris, Collections.

ROSS, D. (1975), « Child Sexual Abuse Treatment Program », *Criminal Justice Digest, 3* (10), 1-8.

ROSS, R. et G.L. STAINES (1975), « The Politics of Analyzing Social Problems », *Social Problems, 20*, 18-40.

ROTHMANS (1980), *Conscience and Convenience : The Asylum and Its Alternative in Progressive America*, Boston, Little Brown.

RUFFO, A. (1988), *Parce que je crois aux enfants*, Montréal, Les Éditions de l'Homme.

SAGARIN, E. (1977), « Incest : Problems of Definition and Frequency », *The Journal of Sex Research, 13*, 126-135.

SARFATTI-LARSON, M. (1977), *The Rise of Professionalism : A Sociological Analysis*, Berkely, University of California Press, 309 p.

SCHNEIDER, D.M. (1976), « The Meaning of Incest », *Journal of Polynesian Society, 96*, 149-170.

SCHULTZ, L.G. (1975), « The Child as a Sex Victim », *Rape Victimology*, Springfield, Charles C. Thomas.

SCHWARTZ, M.F. et W.H. MASTERS (1983), « Conceptual Factors in the Treatment of Paraphilias : a Preliminary Report », *Journal of Sex and Marital Therapy, 9* (1), 3-18.

SCULL, A. (1977), *Decarceration : Community Treatment and the Deviant — A Radical View*, New Jersey, Prentice-Hall.

SEVERIN, E. et A. VARINARD (1979), « Pour une approche socio-linguistique des représentations sociales », *Actes du Colloque de Vaucresson : le contrôle social et la déviance*, Paris.

SIMARD-TROTTIER, M. et J. VACHON (1982), « Le signalement auprès de la Direction de la protection de la jeunesse : perspectives d'analyse », *Apprentissage et socialisation, 5*, 210-218.

SIMONIS, Y. (1968), *Claude Levi Strauss ou La Passion de l'Inceste*, Introduction au structuralisme, Paris, Aubier-Montaigne.

SPECTOR, M. et J.I. KITSUZE (1977), *Constructing Social Problems*, Menlo Park, Ca., Cummings.

SUMMIT, R. et J. KRYSO (1978), « Sexual Abuse of Children : A Clinical Spectrum », *American Journal of Orthopsychiatry, 48*, 237-251.

TAYLOR, I., A. WALTON et J. YOUNG (1973), *The New Criminology*, Londres, Routledge and Kegan Paul.

THORPE, D.H. (1980), *Out of Care : The Community Support of Juvenile Offenders*, Londres, George Allen and Unwin.

TRÉPANIER, J. (1980), « La déjudiciarisation des mineurs délinquants : la ritualisation québécoise », *Déviance et société, 4* (3), 245-256.

TSAI, M., S. FELDMAN-SUMMERS et M. EDGAR (1979), « Childhood Molestation : Variables Related to Differential Impacts on Psychosexual Functioning in Adult Women », *Journal of Abnormal Psychology, 58* (4), 407-417.

VAN OUTRIVE, L. (1977), « Interactionisme et néo-marxisme. Une analyse critique », *Déviance et société*, Genève, *1*, 253-389.

VOLPE, R., F. WILSON et T. WARNER (1988), *Needs and Priorities for Research in Child Sexual Abuse*, Toronto, Institute of Child Study.

WARREN, C. (1981), « New Forms of Social Control : The Myth of De-institutionnalisation », *American Behavioural Scientist, 24*, 724-740.

WEEKS, E.L., J.M. BOLES et coll. (1986), « The Transformation of Sexual Harassment from a Private Trouble into a Public Issue », *Sociological Inquiry, 56* (4).

WEINBERG, S.K. (1930), *Incest Behavior*, Éd. révisée, Secancus, N.D., Citadel Press (1976).

WOOLGAR, S. et D. PAWLUCH (1984), *Ontological Gerrymandering : the Anatomy of Social Problems Explanations*, texte inédit.

YORUKOGLU, A. et J.P. KEMPH (1966), « Children not Severely Damaged by Incest with a Parent », *American Academy of Child Psychiatry Journal, 5* (1), 111-124.

ZAUBERMAN, R. (1982), « Renvoyants et renvoyés », Genève, *Déviance et société, 6*, 23-52.

La prévention des mauvais traitements : une responsabilité collective, Résumé de conférences, 5e Congrès international sur les enfants maltraités et négligés, Montréal, 1984.

62 : la question de l'aveu
65 : rapport pour l'public
77-79: l'intertexte judiciaire
91 : facteurs d'analyse de
#104
116-7: invalidation et compléter des cas: "la loi pénale

120,124 : trop du CPJ de l'argument des crimes" et 135
127: "l'État
130: le judiciaire vs le social

Achevé d'imprimer
en mai 1990 sur les presses
des Ateliers Graphiques Marc Veilleux Inc.
Cap-Saint-Ignace, Qué.

COMPOSÉ AUX ATELIERS
GRAPHITI BARBEAU, TREMBLAY INC.
À SAINTE-MARIE-DE-BEAUCE